監修者——木村靖二／岸本美緒／小松久男／佐藤次高

［カバー表写真］
太祖李成桂肖像
（全羅北道全州市慶基殿蔵）

［カバー裏写真］
開城の穆清殿
（李成桂の旧宅の一つ）

［扉写真］
太祖健元陵碑
（京畿道九里市東九陵）

世界史リブレット人37

李成桂

天翔る海東の龍

Kuwano Eiji
桑野栄治

目次

東アジアのなかの武人李成桂

海東の六龍、天翔《あまかけ》られ、ことごとに天の福あり、
古《いにしえ》の聖人またかくのごとくあり。

朝鮮《チョソン》王朝（一三九二～一八九七年）の建国叙事詩『龍飛御天歌』▲の第一章はこのように始まる。龍は王権を象徴し、六人の龍とは太祖李成桂《イソンゲ》の四祖（父、祖父、曾祖父、高祖父）と太祖そして太宗《テジョン》▲をいう。

李成桂、字は仲潔《チュンギョル》、号は潜邸《せんてい》（即位以前の屋敷）にちなんで松軒《ソンホン》といった。一三九二年七月十七日に高麗《コリョ》（九一八～一三九二年）の王都開京《ケギョン》（黄海北道開城市）の王宮寿昌宮《スチャングン》で即位したのち、名を旦《タン》、字を君晋《クンジン》と改めている。李成桂が朝鮮東北地方の武人として歴史の舞台にあらわれる十四世紀中葉は、中国大陸では

▼**『龍飛御天歌』** 王室の先祖である穆祖《モクチョ》・翼祖《イクチョ》・度祖《トジョ》・桓祖《ファンジョ》および太祖・太宗の六代の祖宗の事蹟を訓民《くんみん》正音《せいおん》（ハングル）で讃頌し、漢詩で注解を加えたもの。一四四五年に世宗《セジョン》の命により編纂され、四七年に刊行された。十巻五冊一二五章からなる。高麗末期・朝鮮初期の言語・歴史・地名研究の史料として価値が高い。

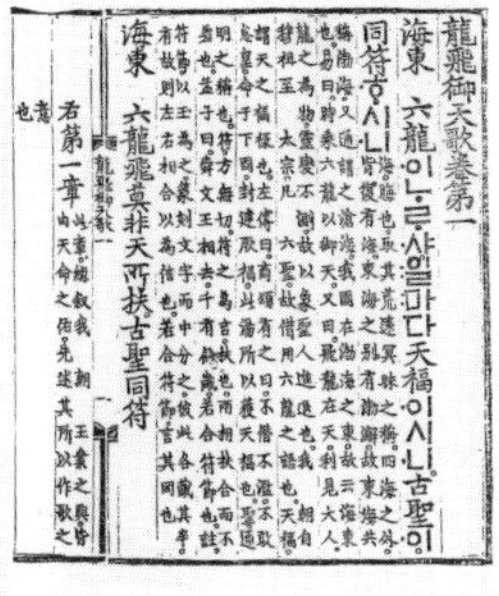
龍飛御天歌卷第一
海東 六龍이 ᄂᆞᄅᆞ샤 일마다 天福이시니 古聖이 同符ᄒᆞ시니
海東 六龍飛 莫非天所扶 古聖同符
右第一章

▼**太宗**（在位一四〇〇～一八） 朝鮮第三代国王。諱は芳遠、字は遺徳。太祖の五男。朝鮮開創後は靖安君に封じられた。

元・明交替期にあたり、日本では倭寇《わこう》▲の勢力が激化するなど、東アジアの国際環境が大きく変動していた時期であった。

李成桂を主役として朝鮮王朝の開創を最初に論じたのは、戦後・解放後まもなく刊行された李相佰《イサンベク》『李朝建国の研究』であろう。李相佰によれば、李成桂は「忠勇な武将であり、策謀ある政治家ではなかった」といい、李成桂派による高麗から朝鮮への王朝交替を「単純な王権移動にすぎない」と理解した。前者の評価を検証するには、李成桂が北では紅巾軍《こうきんぐん》▲、南では倭寇という外敵との戦闘の過程で中央政界へ進出する足がかりをつかみ、新王朝の玉座《ぎょくざ》に即《つ》くまでの足取りを丹念に追う必要があろう。

ただ、李成桂が策謀家であったか否かの判断は、そう簡単ではない。たとえば、近年刊行された金塘澤《キムダンテク》『李成桂と趙浚《チョジュン》▲・鄭道伝《チョンドジョン》▲の朝鮮王朝開創』では、高麗末期には李成桂派によって操作された政治的事件が続出したといい、王朝交替を政争の次元で理解しようとする。もちろん、高麗末期に李成桂と結託した文臣の趙浚と鄭道伝は、新王朝を開創に導いて政治的方向を提示するキーマンとなる。

▼倭寇　対馬・壱岐・肥前松浦地方の中小領主層、零細農漁民、海上の浮浪者群が主体であり、租税米を開京へ運ぶ漕運船とそれを備蓄する地方の倉庫を襲って米穀を略奪した。

▼紅巾軍　元に対抗して反乱を起こした紅巾軍の一部は、一三五九年に朝鮮半島に侵入して西京(平壌)を占領し、二度目の六一年には王都開京が陥落した。

▼趙浚(一三四六〜一四〇五)　文臣。本貫《ほんがん》(祖先発祥の地)は平壌。一三九二年に鄭道伝らとともに李成桂を推戴して開国功臣一等となる。『経済六典』を編纂し、詩文にも秀でた。諡号は文忠。著書に『松堂集』がある。

▼鄭道伝(一三四二〜九八)　文臣・性理学者。本貫は奉化。李穡《イセク》の門人。開国功臣一等となる。軍事・外交・行政・歴史など多方面で朝鮮の建国事業に功績があったが、一三九八年の第一次王子の乱で斬首された。諡号は文憲。著書に『三峯集』がある。

では、高麗から朝鮮への王朝交替はたんなる易姓《えきせい》革命、つまり一種の王権交替にすぎなかったのであろうか。この疑問に答えるにはなお多くの議論と研究成果の蓄積が必要であろう。なかでも閔賢九《ミンヒョング》「高麗から朝鮮への王朝交替をいかに評価すべきか」では、高麗は恭愍王《コンミンワン》▲代以後約四十年間の転換期を経験したのち、その歴史的伝統が朝鮮に引き継がれ、約二十年近い過渡期を経て太宗代にふたたびあらたな王朝体制が確立されたという。李成桂が新王朝開創後もしばらく高麗の国号や法制を踏襲したことは、この問題を考えるうえでポイントのひとつとなるであろう。

また、李成桂という人物をとおしてその時代相を読み解いていくうえで、国際環境という視点を欠くわけにはいかない。たとえば、明の太祖洪武帝《こうぶてい》▲は朝鮮の太祖李成桂を王位簒奪者とみなしていた。この問題は高麗末期の政治史と深く関わっており、洪武帝が李成桂を「朝鮮国王」として承認しなかった事情も明らかにする必要があろう。

本書では、東アジアのなかの朝鮮半島という視点から、李成桂の生涯と当時の政治状況を史料に即してたどっていきたい。

▼恭愍王（在位一三五一〜七四）　高麗第三十一代国王。忠粛王《チュンスクワン》の三男で、忠恵王《チュンヘワン》の弟。諱は祺、顓。モンゴル名は伯顔帖木児《バヤンテムル》。図右が恭愍王、左はその王妃宝塔失里《ブッダシュリ》。

▼洪武帝（在位一三六八〜九八）　明の初代皇帝。姓は朱、諱は元璋。濠州（安徽省鳳陽県）の貧農の家に生まれ、元末に紅巾軍の一兵卒から身を起こして一三六八年に明を建国し、南京に都を定めた。諡号は高皇帝。

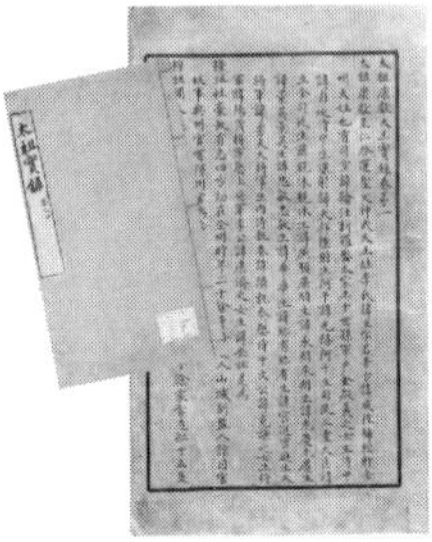

『太祖実録』

▼山城別監　山城防護別監の略称。高麗時代に各道の山城を防禦するために派遣された臨時官職で、モンゴルとの戦闘を指揮した。

①—李成桂の系譜

穆祖、翼祖そして度祖へ

李成桂の本貫《ほんがん》（祖先発祥の地）は朝鮮半島南西部の全州《チョンジュ》（全羅北道全州市）である。朝鮮時代の正史『太祖実録』によれば、李成桂の高祖父李安社《イアンサ》（?～一二七四。廟号は穆祖《モクチョ》）は二十代のころ官伎をめぐる山城別監《さんじょうべっかん》▲との不和から全州を離れ、家族と彼を慕う民一七〇余戸を率いて日本海沿岸の江陵道三陟《カンヌンドサムチョク》（江原道三陟市）へ移住した。三陟は妻方の縁故地と伝わる。ところが、かつて全州で対立していた山城別監が按廉使《あんれんし》（各道の地方行政監察官）として三陟にあらわれると、李安社は全州から付きしたがった民に加え、三陟の民とともに海路で朝鮮半島東北地域の宜州《ウィジュ》（のち徳源《トグオン》。江原道元山市）へ移住した。ここで多くの民の支持を得ると、『太祖実録』総書に「是《ここ》に於いて高麗、穆祖を以て宜州兵馬使と為し、高原《コウォン》（咸鏡南道高原郡）を鎮《おさ》え、以て元兵を禦《ふせ》がしむ」とみえるように、高麗政府は李安社に北境の防備にあたらせた。

やがてモンゴルの勢力が拡大すると、一二五四年に李安社はモンゴルに降伏して開元路南京の▲斡東《オドン》（吉林省琿春市敬信鎮付近）に居を移し、翌五五年には南京の五つの千戸所（一〇〇〇人程度の兵力を供出する軍事集団）の首千戸（長官）となり、達魯花赤《ダルガチ》（監視官）を兼ねた。『龍飛御天歌』第三章の末尾には「王業の興るは、此《こ》れより始まる」と、子孫の建国を予言させている。以後二十余年間、斡東で女真族をも統率しつつ勢力を拡大した李安社は、一二七四年三月（『太祖実録』総書では十二月）に死去した。その間、一二五八年に東北地方の住民▲趙暉《チョフィ》と卓青《タクチョン》が東北面《トンブンミョン》兵馬使慎執平《シンジッピョン》を殺害してモンゴル軍に投降すると、和州《ファジュ》（咸鏡南道金野郡）にモンゴルの出先機関として▲双城総管府が設置され、鉄嶺《チョルリョン》（江原道淮陽郡と咸鏡南道安辺郡の境界）以北の地はモンゴルに奪われた。

李安社の死後、一二七五年三月にその勢力基盤と千戸職は息子の李行里《イヘンニ》（生没年未詳。廟号は翼祖《イクチョ》）が世襲した。一二八一年に元の▲世祖クビライが第二次日本遠征（弘安の役）を実行すると、李行里も麾下の軍人を選抜して協力したという。高麗時代の紀伝体の正史『高麗史』には「時に我が翼祖も亦た朝命（元朝の命令）を以て東北面より来《きた》り、王に見《まみ》ゆること再三に至りて、益《ますます》恭しく益虔《つつし》めり」（同書世家巻二九、忠烈王七年三月甲寅）とあり、忠烈王が恭謙な態度で上

▼開元路南京　開元路は元代に設置された行政区画のひとつで遼陽行省の管轄下にあり、今の吉林省と遼寧省南部にあたる。開元路に属した南京は吉林省延辺朝鮮族自治州延吉市付近と推定されている。

▼趙暉（生没年不明）　本貫は漢陽。のち双城総管府の総管となり、総管は息子の良琪《ヤンギ》、孫の暾《トン》、従曾孫の小生《ソセン》に世襲された。

▼双城総管府　官員として総管・副総管などがいた。のち一三五六年にこの失地を回復して和州牧を設置し、一三六九年に和寧府に昇格した。さらに朝鮮開創後の一三九三年九月に永興府となる。

▼世祖クビライ（在位一二六〇〜九四）　モンゴル帝国第五代皇帝で、元の初代皇帝。モンゴル帝国初代皇帝チンギス・カンの第四子トルイの四男。首都を大都（北京）に移し、一二七一年に国号を元と定めた。廟号は世祖、モンゴル語の尊号はセチェン・カアン。

京した李行里を歓待したと伝わる。李成桂の祖先に関する『高麗史』の初見であり、編年体の正史『高麗史節要』にも同一の記録がある(同書巻二〇、忠烈王七年三月)が、『太祖実録』総書や『龍飛御天歌』第二四章からの引用であろう。

ところが、李行里に威徳がしだいに備わるようになると女真族との関係が悪化し、李行里は斡東の民を引き連れて豆満江《トゥマンガン》下流の赤島《プルグンソム》に逃れ、一二九〇年には縁故地の宜州へ居を移した。李行里の没年は不明であり、『太祖実録』総書と李氏王室の公式見解である『璿源《せんげん》系譜紀略』▲は「九月十日」に死去したと伝えるにすぎない。おそらく伝承の過程で史料に不備が生じたのであろう。

李行里の四男李椿《イチュン》(?〜一三四二年。初名は善来《ソルレ》。廟号は度祖《トジョ》)は父の千戸職を継承し、モンゴル式に孛顔帖木児《ブヤンテムル》と名乗った。李椿は斡東百戸朴光《パククァン》の娘を娶って子興《チャフン》(モンゴル名は塔思不花《タスブカ》)と子春《チャチュン》(一三一五〜一三六〇年。モンゴル名は吾魯《ウル》思不花《スブカ》。廟号は桓祖《ファンジョ》)を儲けたが、朴氏の死後、宜州から双城に移り、双城総管趙氏の娘を後妻に迎えた。以後、全州李氏と漢陽《ハニャン》趙氏はしだいに結束を深めてゆく。さらに李椿が肥沃な咸興《ハムン》平野にある咸州《ハムジュ》(咸鏡南道咸興市)へと北上したのは、この一帯が農業と牧畜に適しており、後妻の父趙氏の勢力基盤でもあっ

▼**『璿源系譜紀略』** 朝鮮王室の系譜を簡略に記した書物。一六八一年に初めて刊行され、以後、国王の即位ごとに重訂・補完された。総叙・凡例・璿源先系・列聖継序之図・璿源世系・八高祖図などを収録する。

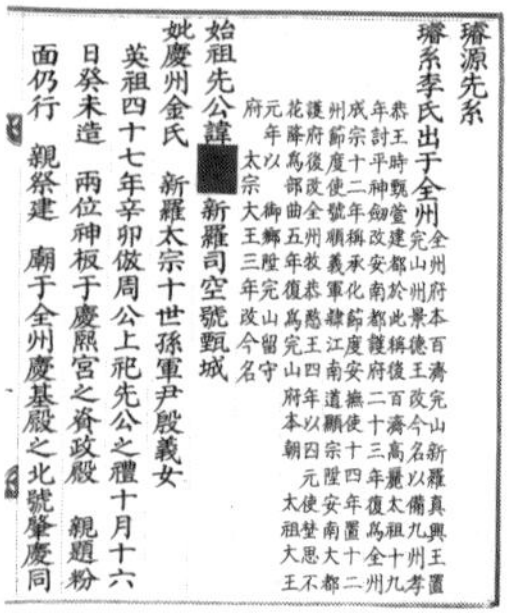
璿源先系
璿系李氏出于全州（全州府本百濟完山新羅眞興王置完山州景德王改今名以備九州孝恭王時甄萱建都於此稱後百濟高麗太祖十九年討平神劒改安南都護府二十三年復爲全州成宗十二年稱承化節度安撫使十四年置十二州節度使號順義軍隸江南道顯宗陞安南大都護府後改全州牧恭愍王四年以囚元使埜思不花降爲部曲五年復爲完山府本朝　太祖大王元年以　御鄕陞完山留守府　太宗大王三年改今名）
始祖先公諱[redacted]新羅司空號甄城
妣慶州金氏　新羅太宗十世孫軍尹殷義女
英祖四十七年辛卯倣周公上祀先公之禮十月十六日癸未造　兩位神板于慶熙宮之資政殿　親題粉面仍行　親祭建　廟于全州慶基殿之北號肇慶同

●李成桂家系略図

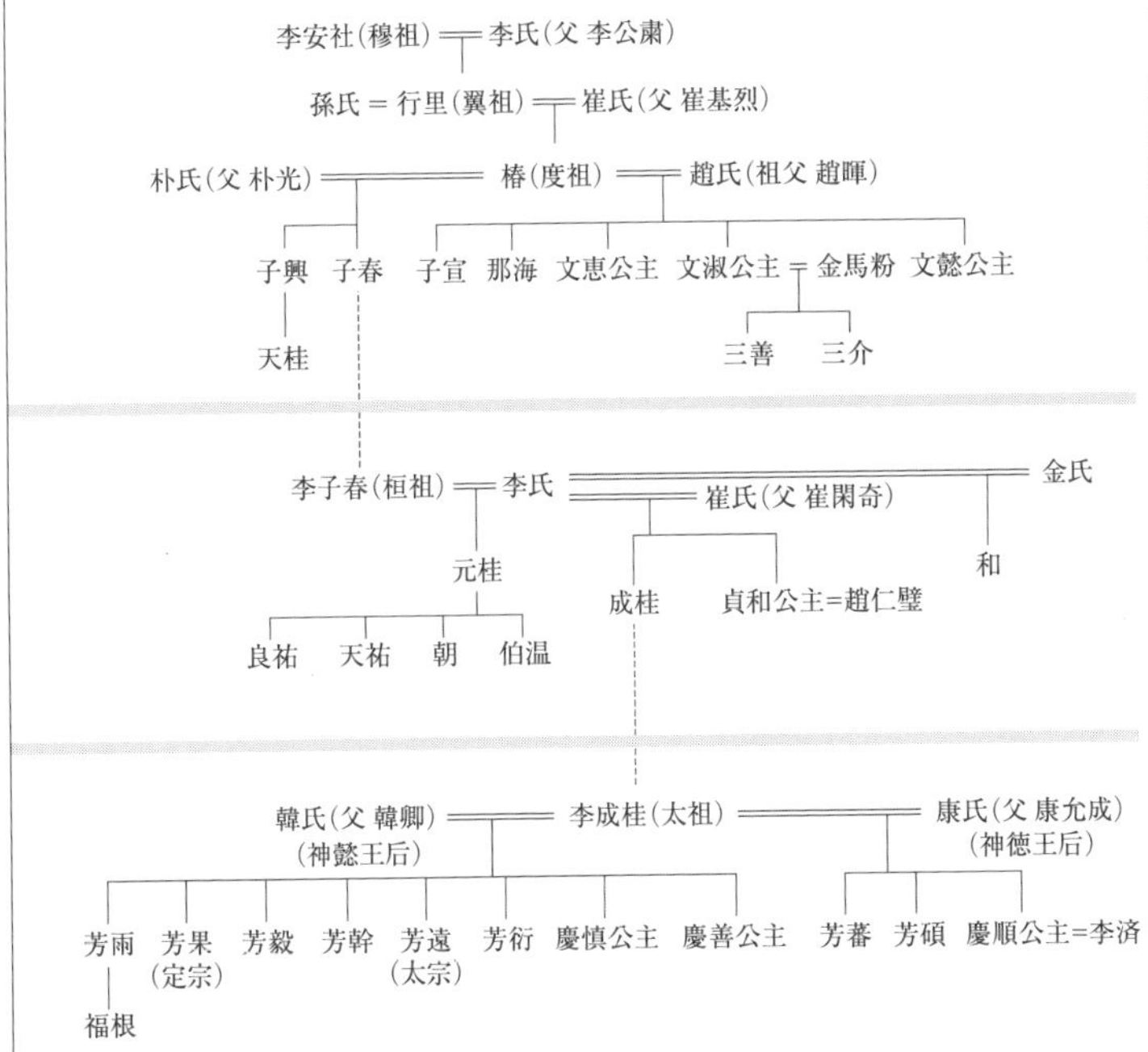

●高麗時代後期の朝鮮半島

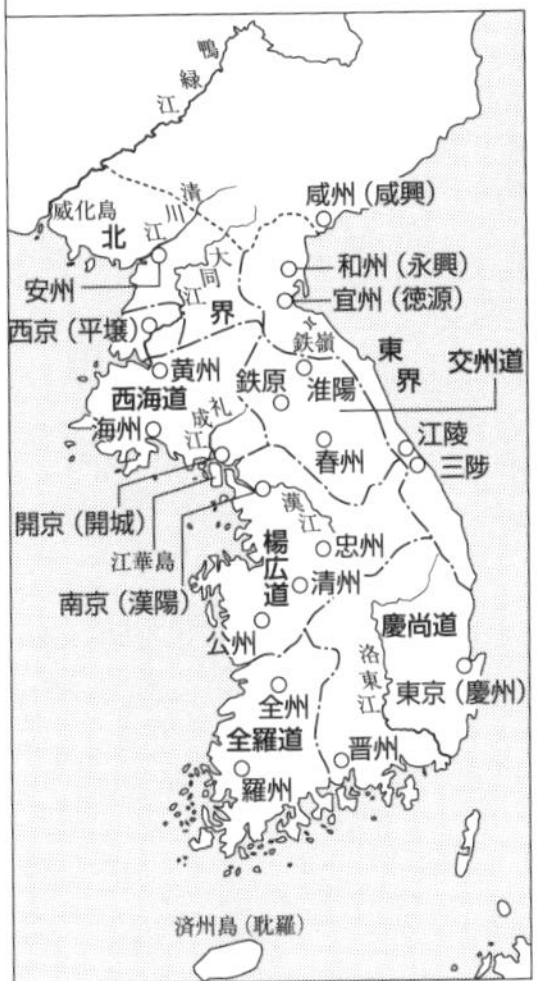

●太祖李成桂の肖像を奉安した全州の慶基殿

たからである。李椿は一三三四年より中風《ちゅうぶう》(脳出血による身体の麻痺)を患い、長男の子興に家督を譲ろうと考えたが、後妻の趙氏は息子の子宣《チャソン》(モンゴル名は完者不花《オルジェイブカ》)を後継者とするよう請うた。そうしたなかで、李椿は一三四二年七月二十四日に死去したという。おそらく、趙氏の願いは叶わなかったであろう。

李椿の死後は子興が世襲したものの、二カ月後の九月に死去した。李子興の息子李天桂《イチョンゲ》は幼少であったため、翌四三年正月に元の判断により、李天桂が成人するまでは李子春を後継者とすることとなった。

桓祖の帰順

李天桂が成人すると李子春は千戸職を譲ろうとしたが、李天桂はこれを固辞し、李子春が正式な後継者となった。そして一三五五年、恭愍王に謁見する機会が双城等処千戸李子春に訪れた。当時、恭愍王は衰退する元の情勢をにらみつつ双城地域の奪還をもくろんでいた。肥沃な双城には半島東南部からの移住者も多く、おりしも元の中書省・遼陽行省と征東行中書省▲の三省は三省照勘戸《しょうかんこ》

▼中書省・遼陽行省・征東行中書省　中書省は元の最高中央行政府で、各地最高の行政官庁である行中書省(行省)を統轄し、遼陽行省は中国東北部に置かれた行省で、遼陽路・東寧路・瀋陽路など七路を管轄した。征東行中書省は高麗に置かれた行省で、元による高麗統治の機関として機能し、一三五六年に廃止されたが、のち一時復活した。

計《けい》という戸籍を作成して流移民の統制に乗り出していた。双城の移住者を勢力基盤とする李子春は危機感を覚えたであろう。李子春は李天桂をしたがえて恭愍王に謁見すると、李天桂は于多赤《うたせき》（宿衛兵の一種）に任じられ、李子春は双城の民を統率するよう命じられた。恭愍王は李子春を懐柔することにより元の勢力を牽制する思惑があったのであろう。李子春としても甥を高麗の人質とし、高麗側に内応することによってみずからの勢力基盤を維持したかったに相違ない。曽祖父李安社が元に降服して以来、一〇一年ぶりの帰順であった。

翌一三五六年三月に李子春はふたたび恭愍王に謁見した。『太祖実録』総書には「高麗恭愍王五年丙申〔至正十六年〕、太祖年二十二、始めて仕う」とあるから、李子春の次男李成桂が高麗に仕官したのも二十二歳のこの頃であろう。五月に恭愍王は奇轍《キチョル》をはじめとする元帝室の外戚を処刑し、元からの離脱政策を標榜するかのごとく征東行中書省の司法局にあたる理問所を廃止したうえ、六月には元の年号「至正」の使用を停止した。そして西北面《ソブンミョン》兵馬使▲印璫《インダン》に鴨緑《アムノッ》江《カン》以西の婆娑府《ばさふ》（遼寧省丹東市振安区九連城鎮）など元の八カ所の駅站地域を攻撃させ、また東北面兵馬使に任じられた柳仁雨《ユイヌ》は七月に江陵道存撫使李仁任《イイニム》▲らと

鴨緑江

▼兵馬使　東北面と西北面（咸鏡道と平安道に相当）に置いた三品の武官職で、軍政と民政を統轄した。

▼李仁任（?～一三八八）　文臣。本貫は星州。恭愍王代に紅巾軍の侵入を撃退して功をあげ、恭愍王死後、禑王《ウワン》を擁立して権勢を誇ったが、崔瑩《チュヨン》・李成桂と対立して京山府（星州）に安置、処刑された。

ともに双城地域を九十九年ぶりに奪還する。このとき少府尹《しょうふいん》▲に任命されて大顕大夫（従三品下の文散階）に昇進した李子春のみならず、趙暉の孫趙暾《チョドン》が高麗側に内応したことも勝因として数えられよう。李仁任の発案により柳仁雨が趙暾に帰順を勧めたところ、趙暾はこれに応じ、趙暾の甥である双城総管趙小生《チョソセン》と千戸卓都卿《タクトギョン》（卓青の後裔）は逃走した。柳仁雨とともに出征した李子春はこの功績により、九月に大中大夫（従三品上）司僕卿《しぼくきょう》▲に昇進し、開京に屋敷が下賜された。一方、異母弟の李子宣については『龍飛御天歌』第二四章の末尾に「桓祖の弟子宣、終《つい》に帰順せず」とあるのが唯一の記録であり、最後まで高麗に仕えることはなかったようである。

のち一三六〇年五月に倭寇が楊広道《ヤングァンド》に侵入すると、李子春は西江《ソガン》兵馬使に任じられてこれを防禦した。西江とは開京の西郊を流れる礼成江《イエソンガン》であって、当時、倭寇は開京に肉薄する勢いであった。その後も李子春は通議大夫（正三品下）、ついで正順大夫（正三品上）に昇進し、千牛衛上将軍▲に任命された。しかし、混沌とする東北面を安定させることができるのは和州を勢力基盤とする李子春をおいてほかになく、翌六一年二月に恭愍王は御史台《ぎょしだい》（のち司憲府《しけんふ》）の反対意見を

▼**少府尹**　工芸技術関係業務を掌った少府寺の長官。従三品。

▼**司僕卿**　輿馬と厩牧に関する業務を管掌した司僕寺（太僕寺）の次官。従三品。のち司僕正と改称される。

▼**千牛衛上将軍**　千牛衛は高麗の中央軍（京軍）である二軍（鷹揚・龍虎軍）・六衛（左右・神虎・興威・金吾・千牛・監門衛）のひとつで、国王の侍衛と儀仗の任務を掌った。上将軍（のち上護軍）はその指揮官で、武官最高の正三品。

▼**判将作監事**　土木・営繕に関する業務を管掌した将作監の長官。正三品。将作監はのち修工寺と改称される。

▼**『東国通鑑』**　北宋の司馬光《しばこう》『資治通鑑』にならい、一四八五年に徐《ソ》居正《ゴジョン》らが檀君《タングン》朝鮮から高麗末期までの史実を編年体で記録、撰進した史書。五十六巻二十八冊。

抑えて栄禄大夫（従二品下）判将作監事▲となっていた李子春を朔方道《サクパンド》（東北面）万戸兼兵馬使に任命した。李子春はそれからまもなく四月三十日に和州にて死去している。訃報に接した恭愍王ははなはだ悼み、士大夫はみな「東北面に人無し」と驚いたという（『高麗史』世家巻三九、恭愍王十年四月庚戌）。

もっとも『璿源系譜紀略』によれば、李子春の没年は「至正二十年庚子（恭愍王九年）四月甲戌」、つまり前年の一三六〇年である。編纂史料である『太祖実録』総書のほか『高麗史』『東国通鑑▲』では李子春は一三六一年に死去したと記録するが、李成桂に請われて朱子性理学者李穡《イセク》▲が一三八七年に撰した「李公（李子春）神道碑」（『牧隠集』文藁巻一五、『東文選▲』巻一一九、所収）のほか、一三九三年の鄭摠《チョンチョン》▲撰「桓祖定陵神道碑」（朝鮮総督府編『朝鮮金石総覧』下巻、および『復斎集』下、所収）など、金石文史料でも「至正庚子四月甲戌、病もて朔方道に薨《こう》ず。年四十六」と刻まれる。

▼**李穡**（一三二八〜九六）　文臣。本貫は韓山。号は牧隠。性理学の発展に貢献し、高官を歴任したが、やがて李成桂派と対立し、晩年は流配生活を余儀なくされた。諡号は文靖。著書に『牧隠集』がある。

▼**『東文選』**　梁の昭明太子蕭統《しょうとう》『文選』にならい、一四七八年に徐居正・盧思慎《ノサシン》らが新羅より朝鮮初期までの約五〇〇名に達する文人の作品四三〇二編を収集、撰進した詩文選集。のち一五一八年に申用漑《シンヨンケ》らが続編として『続東文選』を編纂した。一五四巻四十五冊。

▼**鄭摠**（一三五八〜九七）　文臣。本貫は清州。朝鮮開創後、鄭道伝とともに『高麗国史』を編纂し、一三九五年に完成させた。諡号は文愍。著書に『復斎集』がある。

②—高麗末期の国際環境

武人李成桂の登場

李子春《イジャチュン》のあとを継いだのが、一三三五年十月十一日に子春の次男として和州《ファジュ》（当時は双城。のち永興）で生まれた李成桂である。一三六一年九月に豆満江《トゥマンガン》の国境地帯に逃げ込んできた禿魯江《トンノガン》（平安北道江界郡）万戸朴儀《パクウィ》が紅巾軍の勝勢に乗じて反乱を起こすや、十月に通議大夫金吾衛《きんごえい》▲上将軍であった李成桂は東北面上万戸となり、親兵（私兵）一五〇〇名を率いてこの反乱軍の残党を鎮圧した。正三品の中央武官職と父祖以来の基盤である上万戸の二種の職責を帯びていることから、高麗政府は父祖の門蔭を認めて優遇していたものと思われる。李成桂一族の勢力基盤から推せば、中央武官職は実職ではなかった可能性もあるが、以後、李成桂の活動記録がしだいに具体化しはじめる。

同年十一月に紅巾軍が朝鮮半島に侵入すると、恭愍王《コンミンワン》は諫職《かんしょく》（君主をいさめる職務）にあった左散騎常侍崔瑩《チェヨン》▲の反対を押し切って宰相の門下侍中洪彦博《ホンオンバク》以下、一握りの政府高官とともに半島南部の福州《ポクチュ》（慶尚北道安東市）へ避難した。扈従《こじゅう》

▼**金吾衛**　高麗中央軍の六衛のひとつで、開京の治安を担当する警察部隊。指揮官は正三品の上将軍。

▼**崔瑩**（一三一六〜八八）　武臣。本貫は昌原。倭寇・紅巾軍を撃退して武名をあげ、中央政界に進出したが、威化島の回軍により李成桂らに捕らわれ、斬刑に処された。

のなかには恭愍王に重用されていた李穡《イセク》もいた。翌六二年正月に開京《ケギョン》は陥落したものの、李成桂は親兵二〇〇〇名を率いて紅巾軍を撃退し、王都奪還に成功した。ついで二月には趙小生《チョソセン》と卓都卿《タクトギョン》が瀋陽《しんよう》行省丞相と称する納哈出《ナガチュ》▲とともに三撒《サムサル》（咸鏡南道北青郡）・忽面《ホルミョン》（咸鏡南道洪原郡）に侵入し、李成桂の根拠地である咸興平野を襲おうとした。紅巾軍を撃破して開京にとどまっていた李成桂は四月に東北面兵馬使に任じられ、これを鎮圧した。高麗政府は李成桂にふたたび東北地域を防衛する権限を与えたことになる。

一方、元では離脱政策を展開する恭愍王を廃位し、忠宣王《チュンソンワン》▲の庶子徳興君《トックングン》を擁立する動きがあった。一三六四年正月、親元勢力の崔濡《チェユ》は徳興君を奉戴し、元兵一万名を率いて鴨緑江《アムノッカン》を渡ってくる。義州《ウイジュ》（平安北道義州郡）を突破した崔濡は宣州《ソンジュ》（平安北道宣川郡）・随州《スジュ》（平安北道定州郡）にまで侵攻したが、高麗政府は崔瑩を西北面都巡慰使に任命し、李成桂にも東北面より精騎一〇〇〇を率いて来援するよう命じて撃退させた。さらに金三善《キムサムソン》・三介《サムゲ》▲の指揮下にある女真族が三撒・忽面に侵入して咸州《ハムジュ》・和州を陥れると、李成桂は西北面より軍を率い、東北面都指揮使韓方信《ハンバンシン》らとともにこれを破って和州以北を奪還した。これらの

▼納哈出（?〜一三八八）　元・明の武将。モンゴル帝国開国の功臣ムカリの子孫として遼東に鎮撫し、瀋陽を中心に中国東北地方に勢力をふるったが、のち明に降伏した。

▼忠宣王（在位一二九八年一〜八月。復位一三〇八〜一三）　高麗第二十六代国王。忠烈王《チュンニョルワン》の長男。諱は謜、璋。モンゴル名は益知礼普花《イジルブカ》。

▼金三善・三介　三海陽（咸鏡北道吉州郡）の達魯花赤金方卦《キムバンゲ》（金馬粉《キムマブン》か）と、李椿《イチュン》（度祖）の娘（次女の文淑公主か）との間に生まれたという。

功績により李成桂は密直副使に任じられて奉翊《ほうよく》大夫（従二品）に昇進し、端誠《たんせい》亮節翊戴《りょうせつよくたい》功臣の号を賜ったうえ金帯を下賜された。金で装飾された金帯の着用は、二品以上の高官に許された特権である。のち一三六九年十二月に李成桂は東北面元帥・知門下省事に任命され、翌七〇年八月には西北面元帥池龍寿《チヨンス》らとともに遼陽・瀋陽地方を攻撃して北元▲の勢力を駆逐した。

元明交替期におけるこうした李成桂の軍事活動を支えたのが、『高麗史』に散見する親兵である。この軍事集団は、李成桂が父祖より受け継いだ家別抄《かべつしょう》あるいは加別赤《かべつせき》とも呼ばれる東北面の私有民（おもに和州に流入した高麗人）と李豆《イドゥ》蘭《ラン》▲など彼に服属した女真酋長で構成され、李成桂と女真人との密接な関係が浮かびあがってくる。

高麗末期の「北虜南倭」

高麗は北方の紅巾軍だけでなく、南方では倭寇の脅威にもさらされた。一三七二年六月に倭寇が江陵《カンヌン》府（江原道江陵市）・盈徳《ヨンドク》（慶尚北道盈徳郡）など東海岸中北部に侵入すると、李成桂は和寧《ファリョン》府尹、ついで東北面元帥に任じられてこれを

▼**北元**（一三六八～八八年）　一三六八年に朱元璋（洪武帝）が明を建国すると、元の順帝は明軍に追われて大都から上都（内蒙古自治区錫林郭勒盟正藍旗）に本拠を移し、以後、その残存勢力はモンゴル高原に退いた。

▼**李豆蘭**（一三三一～一四〇二）　武臣。本貫は青海。初姓は佟、初名は古倫豆蘭帖木児《クルンドランテムル》、のち李之蘭《イジラン》と改名。一三七一年に高麗に帰化し、李成桂の麾下で武功をあげた。諡号は襄烈。

▼**禑王**（在位一三七四～八八）　高麗第三十二代国王。幼名は牟尼奴《ムニノ》。即位当初は国事をよく処理したが、祖母の明徳太后（忠粛王妃）死後、次第に放縦に流れ、失政が多かった。

防いだ。しかし、倭寇の活動は禑《ウワン》▲王代にピークに達し、その規模も拡大して長期化する。そのため、高麗政府は一三七五年二月に判典客寺事羅▲興儒▲《ナフンユ》を、一三七七年九月には前大司成鄭▲夢周《チョンモンジュ》を日本に派遣して禁賊を要請し、これに対して九州探題今川貞世《いまがわさだよ》と豊前守護大内義弘《おおうちよしひろ》が軍勢を派遣して倭寇の禁圧に協力し、被虜人を送還することもあった。

一三七七年三月に倭寇が江華島《カンファド》（仁川広域市江華郡）に侵入して開京を脅かすと、李成桂は西江副元帥として参戦し、五月には慶尚道《キョンサンド》の智異山《チリサン》で、翌七八年四月には昇天府《スンチョン》（開城市開豊郡豊徳里）で倭寇を退けた。さらに一三八〇年八月に倭船五〇〇余隻が錦江《クムガン》河口の鎮浦《チンポ》（忠清南道舒川郡長項邑）に侵入し、略奪を恣《ほしいまま》にした。このとき高麗では崔茂宣《チェムソン》所製の火砲が実戦で使用され、倭寇を殲滅させたという。

それでも倭寇は全羅・慶尚道の各地を襲ったため、楊広全羅慶尚道都巡察使となった李成桂は九月に都体察使辺安烈▲《ピョンアニョル》・偏将（副将）李豆蘭らを率い、智異山の北西にある雲峰《ウンボン》（全羅北道南原市雲峰邑）を越えて荒山《ファンサン》にいたり、迎撃した。のちに荒山大捷と呼ばれる戦闘である。鄭夢周を「東方理学の祖」と称えた李

▼判典客寺事　賓客の宴享を管掌する典客寺の長官。正三品。

▼羅興儒　武臣。本貫は羅州。自ら志願して通信使となり日本に渡ったが、スパイの嫌疑により博多で拘束され、翌七六年十月、高麗出身の僧良柔《りょうじゅう》とともに帰国した。

▼鄭夢周（一三三七～九二）　文臣・性理学者。本貫は迎日。李成桂とともに恭譲王《コンヤンワン》を擁立したが、李成桂推戴の動きを牽制したため、李芳遠《イバンウォン》の門客により暗殺された。著書に『圃隠集』がある。

▼辺安烈（一三三四～九〇）　武臣。本貫は原州。もと瀋陽の人で、恭愍王代に来投した。紅巾軍・倭寇の撃退で戦功をあげたが、のち金佇《キムジョ》事件により漢陽に流配後、処刑された。

穡は、このとき成均祭酒権近《クォングン》▲らとともに詩を詠んで李成桂の戦功を称賛した。文臣が李成桂に期待を寄せるようになったのはこの頃からであろう。

一方、恭愍王代に双城総管府の管轄地域を回復したとはいえ、東北面は安定しなかった。一三八〇年に司憲府《しけんふ》が「近年以来、倭寇侵陵《しんりょう》し、国家多難なり。大元は近く北鄙《ほくひ》に居り、大明は兵を遼瀋《りょうしん》（遼東・瀋陽）に屯《とん》し、朝夕、我が事情を覘《うかが》う。将然《しょうぜん》（将来）の患い、測るべからず」と上疏した（『高麗史』巻一三四、列伝四七、辛禑六年十二月）ように、南方の倭寇のみならず、北方の大陸でも北元と新興国の明の情勢は緊迫していた。高麗末期における「北虜南倭」の時代といえよう。一三八二年九月から翌八三年二月まで漢陽《ハニャン》（ソウル特別市）に遷都した（厳密には一時的な移転）のは、当時の国際情勢と無縁ではない。門下侍中李仁任が遷都反対論者であったのに対し、次官の守門下侍中崔瑩は遷都を支持したため、これを機に両者は政治的立場を異にするようになる。

一三八二年に女真人の胡抜都《こばつと》が義州に侵入し、東北面の民を連れ去る事件が発生したため、高麗政府は門下賛成事李成桂を東北面都指揮使に任命して出陣させた。翌八三年にまたもや胡抜都が端州《タンジュ》（咸鏡南道端州郡）を襲い、李成桂麾

▼**権近**（一三五二〜一四〇九）　文臣・性理学者。本貫は安東。李穡《イセク》の門人。朝鮮開創後は私兵の廃止を主張して王権の確立に功績をあげ、芸文館大提学・大司成・議政府賛成事などを歴任した。諡号は文忠。著書に『陽村集』がある。

下の端州上万戸陸麗《ユクヨ》・青州《チョンジュ》（咸鏡南道北青郡）上万戸黄希碩《ファンヒソク》らが敗れると、李成桂は李豆蘭を呼び寄せて吉州《キルジュ》（咸鏡北道吉州郡）でこれを迎え撃った。このとき、鄭夢周が東北面助戦元帥として李成桂の麾下にあったところは注目すべきである。すでに鄭夢周は一三六四年の三善・三介の乱、また一三八〇年の雲峰戦闘の際にも李成桂の麾下に参戦していた。鄭夢周は一三六七年に最高学府の成均《せいきん》館《かん》が再興されると、総責任者である大司成李穡のもと、鄭道伝とともに教官として勤務した経歴がある。それゆえ鄭在勳《チョンジェフン》は、鄭夢周を媒介として鄭道伝が武人勢力の李成桂と連携した、と推測する。鄭道伝と李成桂の接触に関しては、「癸亥（一三八三年）秋、公（鄭道伝）、我が太祖に従いて咸州の幕に赴く。時に太祖、東北面都指揮使為《た》り」（『三峰集』巻一四、附録、事実）とあり、武人李成桂の周囲には政治改革を志向する不遇な文臣が糾合しつつあった。当時、人事行政を管掌する政房《せいぼう》（のち尚瑞司《しょうずいし》に改編）は有力な武臣によって占められており、大半の文臣は劣悪な境遇にあったからである。

一三八四年十二月に高麗政府は李成桂を東北面都元帥門下賛成事に、沈徳符《シムドクプ》▲を東北面上元帥知密直司事に任命して遼東の兵に備えさせた。禑王は李成桂に

開城の成均館（現、高麗博物館）九九二年に開京に設置された国子監は元の国子監と区別するため、一三〇八年に成均館と改称された。

▼**沈徳符**（一三二八〜一四〇一）文臣。本貫は青松。禑王代より倭寇防禦で功を立て、朝鮮開創後は議政府左政丞に昇った。諡号は恭靖、定安に改諡。

「東方の軍民の事、専ら卿《けい》に付す」と命じる(『高麗史』巻一三五、列伝四八、辛禑十年十二月)ほど信頼を寄せており、東北地方における李成桂の影響力は揺るぎないものとなっていた。

鉄嶺衛の設置通告

恭愍王はすでに一三七〇年に明の太祖洪武帝を中心とする冊封体制▲に参入し、一三七二年冬至には宮中にて百官とともに対明遥拝儀礼▲を実践することにより、対明外交路線を可視化していた。ところが、一三七四年九月に恭愍王が側近の崔《チェ》万生《マンセン》らによって暗殺されると、十歳の禑王を擁立した李仁任《イイニム》は明と北元との両面外交政策に方向転換した。北元との外交政策をめぐっては、かねてより明との外交関係を重視する鄭夢周・鄭道伝らとのあいだに摩擦が生じ、北元と高麗の通交を聞き知っていた洪武帝もようやく一三八五年に禑王を「高麗国王」に冊封し、前王に「恭愍」との諡号を賜った。

しかし、依然として李仁任の政治的影響力は無視できず、一三八八年正月に崔瑩は李成桂とともに、李仁任の腹心であった領三司事林堅味《イムギョンミ》・三司左使廉興《ヨムフン》

▼冊封体制　中国の皇帝が冊(冊書。爵位を与える命令書)を授けて周辺諸国の国王(当時の用語では蕃国の王＝蕃王)を諸侯に封じ、君臣関係を結ぶことによって成立する前近代東アジアの国際秩序。

▼対明遥拝儀礼　毎年正朝・冬至・聖節(皇帝の誕生日)・千秋節(皇太子の誕生日)の四大名節に高麗国王が明帝の象徴である闕牌に対して万歳三唱をおこなう宮中儀礼。のち望《ぼう》闕礼《けつれい》として朝鮮王朝にも継承され、定着する。

●高麗末期の主要中央官制

官庁	長官以下，おもな構成員		職掌
門下府	判事　侍中　守侍中（従１）　賛成事　評理　政堂文学　知事（従２）　左・右散騎常侍（正３）　左・右司議大夫（従３）　門下舎人（従４）		国務の総理（２品以上），諫言（３品以下）
三　司	領事　判事（従１）　左・右使（正２）　左・右尹（従３）		財政
密直司	判事　使　知事　僉書事　同知事（従２）　副使　提学（正３）		王命の伝達，宮中の宿営，軍機
六部	吏部（→典理司→吏曹）	尚書（正３）　侍郎（正４）	文官の人事
	兵部（→軍簿司→兵曹）	尚書（正３）　侍郎（正４）	武官の人事，駅伝
	戸部（→版図司→戸曹）	尚書（正３）　侍郎（正４）	戸口，財政
	刑部（→典法司→刑曹）	尚書（正３）　侍郎（正４）	刑罰，訴訟
	礼部（→礼儀司→礼曹）	尚書（正３）　侍郎（正４）	儀礼，外交，科挙
	工部（→典工司→工曹）	尚書（正３）　侍郎（正４）	工匠，土木造営
司憲府	大司憲（正３）　知事　兼知事（従３）		政治の論評，百官の糾察・弾劾
芸文館	大提学（従２）　提学　学士（正３）		王命の作成
成均館	大司成（正３）　祭酒（従３）		最高学府

〔出典〕『高麗史』百官志より作成。

●朝鮮開創当初の主要中央官制

官庁		長官以下，おもな構成員	職掌
門下府		判事　左・右侍中（→左・右政丞）（正１）　侍郎賛成事（従１）　参賛事　知事　政堂文学　商議府事（正２）　左・右散騎常侍（正３）　左・右司議大夫（従３）　内史舎人（従４）	国務の総理（２品以上），諫言（３品以下）
三司		領事（正１）　判事（従１）　左・右僕射（正２）　左・右丞（従３）	財政
芸文春秋館		監事（侍中以上兼任）　大学士（正２）　学士（従２）	王命の作成，国史の編纂
中枢院		判事（正２）　使　知事　同知事　僉書　副使　学士　商議院事（従２）　都承旨　左・右承旨　左・右副承旨（正３）	王命の伝達，宮中の宿営，軍機
司憲府		大司憲（従２）　中丞　兼中丞（従３）	政治の論評，百官の糾察・弾劾
六曹	吏曹	典書（正３）　議郎（正４）	文官の人事
	兵曹	典書（正３）　議郎（正４）	武官の人事，駅伝
	戸曹	典書（正３）　議郎（正４）	戸口，財政
	刑曹	典書（正３）　議郎（正４）	刑罰，訴訟
	礼曹	典書（正３）　議郎（正４）	儀礼，外交，科挙
	工曹	典書（正３）　議郎（正４）	工匠，土木造営
開城府		判事（正２）　尹（従２）　少尹（正４）	京畿の戸口，学校，司法
尚瑞司		判事（従３）　少尹（正４）	人事行政
成均館		大司成（正３）　祭酒（従３）	最高学府

〔出典〕『太祖実録』巻１，元年７月丁未条より作成。

邦《バン》らを誅殺するにいたった。この政変により崔瑩は門下侍中に、李成桂は守門下侍中に、李穡は領三司事に任じられ、長らく権勢をふるった李仁任は故郷の京山《キョンサン》府(慶尚北道星州郡)に安置(一種の軟禁処分)となる。李穡は前年の一三八七年に李成桂の求めに応じて父李子春の一代記ともいうべき「李公神道碑」を撰述していた(『牧隠集』文藁巻一五、全州李氏移居朔方墳墓記)から、すでに李成桂と親交があったと考えてよい。また李穡の領三司事就任は、崔瑩とともに人事権を掌握した李成桂の政治的成長を意味する。

　高麗王朝に一大転機が訪れたのはこの年一三八八年二月のことである。聖節使として明に派遣されていた門下評理偰長寿《ソルジャンス》▲が開京に戻り、明では高麗にあらたに鉄嶺衛《てつれいえい》を設置する計画があると報告した。かつて元の双城総管府管轄下にあった鉄嶺以北の地域を、今度は明の直轄領にするという。崔瑩は政府高官を招集してその対応を協議し、禑王も崔瑩と遼東攻撃の密議をこらした。「崔瑩、諸相と定遼衛《ていりょうえい》▲を攻めんこと、及び和を請うの可否を議す。皆な和議に従う」という(『高麗史節要』巻三三、辛禑十四年二月)から、遼東とは明の東進基地となりうる定遼衛を指すのであろう。しかし、政府の上層部は遼東攻撃には反対で

▼偰長寿(一三四一～九九)　文臣。高昌ウイグルの名門貴族の末裔。恭愍王代に父の遜とともに帰化し、朝鮮開創後、太祖に登用され、鶏林(慶州)を本貫として下賜された。諡号は文良。

▼定遼衛　一三七一年に元の遼陽行省平章劉益が明に投降したのを機に遼陽に置いた衛所で、遼東占拠の橋頭堡とした。のち一三七五年に遼東都指揮使司(略称は遼東都司)に改め、中央の五軍都督府のうち左軍都督府に属した。

あったとみえる。かつて守門下侍中を務めた李子松《イジャソン》が崔瑩の屋敷に出向いて遼東攻撃の不可を力説すると、崔瑩は李子松を杖刑のうえ全羅道《チョルラド》の内廂（兵営）へ流配に処し、殺害した。李穡の門下生である僉書密直司事《せんしょみっちょくしじ》河崙《ハユン》▲・李崇仁《イスンイン》▲が杖流処分となったのも、遼東攻撃に反対したからであろう。一方、禑王は崔瑩の娘を寧妃《ヨンビ》として迎え入れ、崔瑩は政治的立場をより強めていった。

三月下旬、禑王は寧妃・崔瑩とともに西海道《ソヘド》へ行幸し、開京の留守は門下賛成事禹玄宝《ウヒョンボ》に任せた。行幸の名目は狩りであったが、真の目的は遼東攻撃の指揮にあった。また禑王は漢陽の重興山城《チュンフンサンソン》（北漢《ブッカン》山城）を修築するよう命じ、世子昌《チャン》（のちの昌王▲）と定妃《チョンビ》安氏（恭愍王妃）・謹妃《クンビ》李氏（禑王妃）以下の諸妃を開京から漢陽へ避難させた。

四月一日に鳳州《ポンジュ》（黄海北道鳳山郡）に到着した禑王は崔瑩と李成桂を呼び寄せ、遼東を先制攻撃するゆえ尽力するよう申し渡したところ、李成桂は⑴小国（高麗）が大国（明）に逆らうべきではない、⑵夏季に兵を出すべきではない、⑶国をあげて遠征すれば、倭寇はその隙に乗じるであろう、⑷炎暑の雨は弓の膠《にかわ》を溶かし、大軍は疫病に見舞われるであろう、と四つの理由（「四不可論」という）

▼**河崙**（一三四七～一四一六）　文臣。本貫は晋州。朝鮮開創後、太宗の信任を得て領議政府事に昇り、『太祖実録』の編纂を指揮した。諡号は文忠。著書に『浩亭集』がある。

▼**李崇仁**（一三四七～九二）　文臣・性理学者。本貫は星州。一三九二年に鄭夢周が殺害されると、その一党として流配となり、鄭道伝が送った腹心により殺害された。著書に『陶隠集』がある。

▼**昌王**（在位一三八八～八九）　高麗第三十三代国王。禑王の息子。母は李琳《イイム》の娘謹妃。李穡・曺敏修《チョミンス》の主張により国王に推戴されたが、のち李成桂によって廃位された。

遼東遠征軍の編成一覧

八道都統使　崔瑩			
左軍都統使	曺敏修	右軍都統使	李成桂
西京都元帥	沈徳符	安州道都元帥	鄭地
副元帥	李茂	上元帥	池湧奇
楊広道都元帥	王安徳	副元帥	黄甫琳
副元帥	李承源	東北面副元帥	李彬
慶尚道上元帥	朴葳	江原道副元帥	具成老
全羅道副元帥	崔雲海	助戦元帥	尹虎・裵克廉・朴永忠・李和・李豆蘭・金賞・尹師徳・慶補
鶏林元帥	慶儀	八道都統使助戦元帥	李元桂・李乙珍・金天莊
安東元帥	崔鄲		
助戦元帥	崔公哲		
八道都統使助戦元帥	趙希古・安慶・王賓		

をあげて反対した(『高麗史』巻一三七、列伝五〇、辛禑十四年四月乙巳朔)。しかし、禑王と崔瑩は李成桂の反対論を押し切り、遼東攻撃の準備に着手した。禑王は崔瑩を総司令官の八道都統使に任命し、昌城府院君曺敏修《チョミンス》は左軍都統使に、李成桂は右軍都統使に任じられた。左右軍はあわせて三万八八三〇名、これに付きしたがう兵卒は一万一六三四名、軍馬二万一六八二匹であったという。四月十八日、左右軍は禑王に拝辞して平壌《ピョンヤン》(平壌直轄市)から出征した。その三日後には明の年号「洪武」の使用が停止され、衣冠も「胡服」、つまり元制へと逆戻りする。

威化島の回軍

一三八八年五月七日、曺敏修と李成桂が率いる左右軍は鴨緑江の下流にある中洲の威化島《ウィファド》(平安北道新義州市)に駐屯したが、降雨のなか、弓の膠は溶けて甲冑も重くなり、いたずらに軍糧を費やすのみであった。進退窮まった曺敏修と李成桂は左右軍都統使の連名で大義名分に反する遠征軍の撤収を二度にわたって要請したが、禑王と崔瑩は聞き入れようとしない。威化島では餓死者も増えはじめ、もはや進軍不可能と判断した李成桂は諸将を説得し、二十二日、全軍を開京へ引き返すことにした。これが威化島の回軍であり、朝鮮王朝開創への分水嶺となる。かつて自薦により倭寇を撃退して司僕正を授かった南誾《ナムウン》▲は、「我が太祖に従いて威化島に至り、趙仁沃《チョイノク》▲等と回軍の議を献じ、且つ密かに推戴を謀る。太祖、厳に謹み敢えて発言せざるを以て、既にして還《かえ》る」(『高麗史』巻一一六、列伝二九、南誾)というから、このとき李成桂の推戴を夢みる不遇な文臣もいた。

　禑王に扈従していた李芳雨《イバンウ》・李芳果《イバングァ》▲そして李豆蘭・和尚《ファサン》父子らは禑王のもとを離れ、回軍に合流した。回軍の急報に接した禑王は二十八日、平壌より五十余騎の扈従を引き連れて開京に戻り、崔瑩も曺敏修・李成桂らを迎え撃つべく、百官に武装して自衛するよう命じた。

　王命に背いて開京に引き返した「反乱軍」は六月一日に開京を包囲して布陣し、次のような上奏文を禑王そば仕えの宦官に託した。

　　我が玄陵《ヒョンヌン》(恭愍王)、至誠もて大に事《つか》う。天子(洪武帝)、未だ嘗て兵を我れに加うるの志有らず。今、瑩《ヨン》、冢宰《ちょうさい》たりて、祖宗以来の事大の意を念《おも》わず、

▼**南誾**(一三五四〜九八)　文臣。本貫は宜寧。開国功臣一等となる。威化島の回軍以後、趙浚・鄭道伝らとともに李成桂派の中心人物となったが、第一次王子の乱で殺害された。諡号は剛武。

▼**趙仁沃**(一三四七〜九六)　文臣。本貫は漢陽。趙暉《チョフィ》の曾孫。開国功臣一等となる。威化島の回軍以後、崔瑩ら旧勢力の粛清に荷担し、斥仏崇儒と田制改革を積極的に支持した。諡号は忠靖。

▼**李芳果**(在位一三九九〜一四〇〇)　朝鮮第二代国王定宗。諱は曔、字は光遠。李成桂の次男。朝鮮開創後は永安君に封じられた。

玄陵（恭愍王陵）

先に大兵を挙げ、将《まさ》に上国（明）を犯さんとす。盛夏に衆を動かし、三韓（高麗）は農を失い、倭奴《わど》は虚に乗じ、深く入りて寇を為し、我が人民を殺し、我が府庫を燔《や》く。加うるに都を漢陽に遷《うつ》すを以てし、中外騒然たり。今、瑩を去らずんば、必ず宗社（宗廟と社稷、つまり国家）を覆さん。（『高麗史』巻一三七、列伝五〇、辛禑十四年六月癸卯朔）

遼東攻撃の直前に、李成桂が禑王に四カ条の理由をあげてその不可を論じたことが想起されよう。ただ、臣下として国王を直接批判することは憚られたとみえ、批判の矛先は宰相の崔瑩《チェヨン》に向けられた。六年前の漢陽遷都は今回の遼東攻撃と直接関わるものではないが、王朝国家を転覆させようとした崔瑩の失政として付け加えられたのであろう。

六月二日、李成桂の回軍を聞き知った東北面の民と、女真人で従軍しなかった者は先を争って開京を目指し、一〇〇〇余名が集結したという。いささか誇張はあろうが、李成桂の勢力基盤が東北面にあったことを物語る。禑王は急遽、奴隷や市井の徒数十名を兵士として開京羅城《らじょう》の四大門の防備を固めさせた。しかし、三日に李成桂は崇仁門《スンインムン》（東門）より城内に突入し、宣義門《ソニムン》（西門）を突破し

●開京概念図

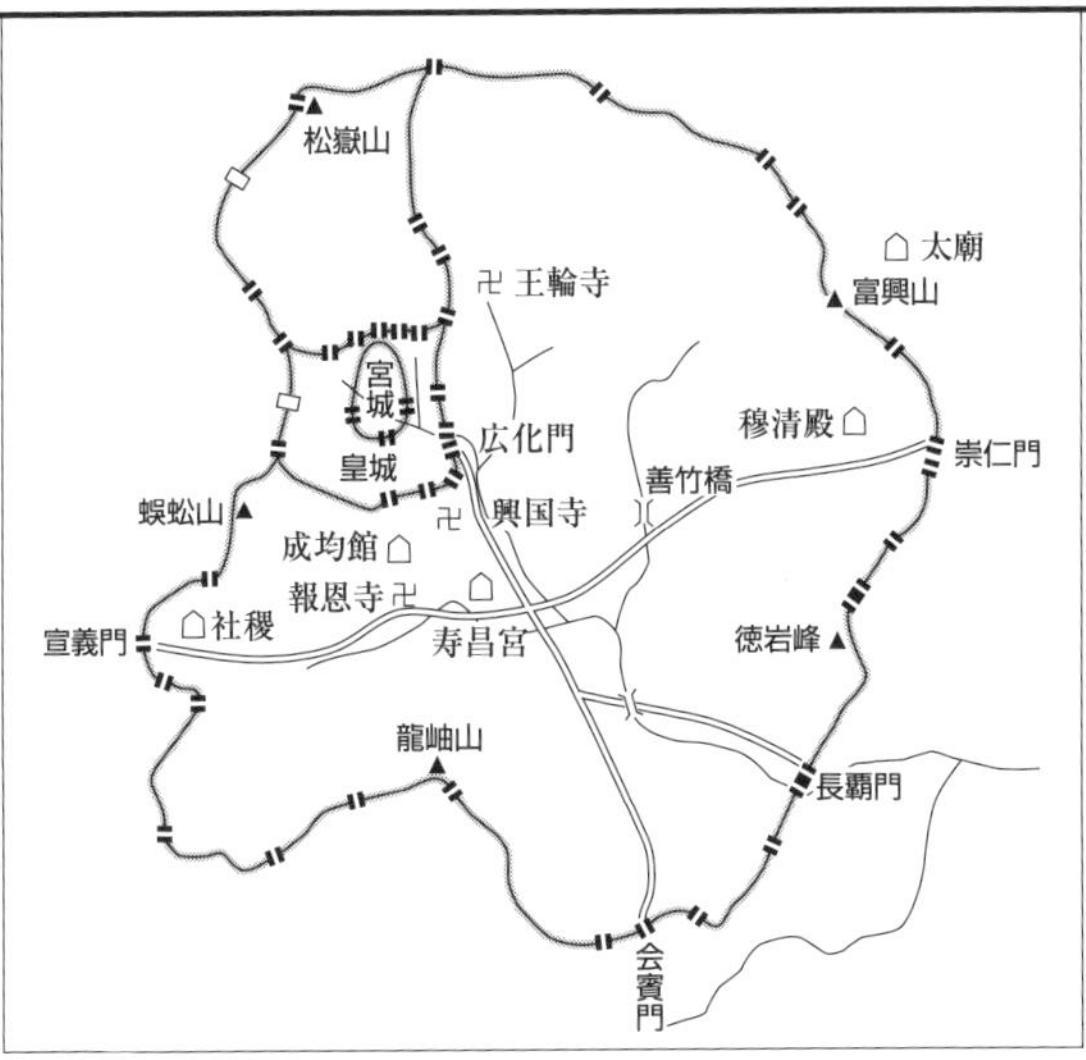

●寿昌宮龍頭彫刻　かつて寿昌宮の正門前にあった石造彫刻（いずれも高麗博物館所在）

●興国寺塔　かつて興国寺にあった石塔（高麗博物館所在）

た曺敏修と挟撃して禑王・寧妃・崔瑩の身柄を確保した。その翌日には「洪武」の年号使用を復活させ、衣冠も明制を踏襲することとなる。

高麗の遼東攻撃と李成桂による威化島の回軍は、多少の誤解を招きながらも明に伝わった。高麗千戸陳景《チンギョン》なる者が明に投降し、およそ次のように語ったという。

是《こ》の年四月、国王王禑、遼東を寇せんと欲し、其の都軍相崔瑩・李成桂を率いて兵を西京《ソギョン》(平壌)に繕《おさ》む。成桂、景をして艾州《エジュ》(義州)に屯せしむるも、糧餉《りょうしょう》継がざるを以て師を退く。王、怒りて成桂の子を殺し、兵を率いて王城(開京)に還る。成桂乃ち兵を以て王に逼り、王城を攻め破りて王及び崔瑩を囚う。(『明太祖実録』巻一九三、洪武二十一年八月甲寅)

この情報を得た洪武帝は、遼東の防備を固めさせるとともに偵察を命じた。李成桂が開京を攻撃して高麗国王を牢獄に入れたとなれば、これは政変にほかならない。ここに洪武帝は李成桂に対して不信感を抱くようになる。

昌王の即位と田制改革

威化島の回軍後、曺敏修は門下左侍中に、李成桂は門下右侍中に復職し、李成桂の推薦により趙浚《チョジュン》が僉書密直司事兼大司憲に抜擢された。趙浚はかつて王氏が断絶したことに憤慨し、尹紹宗《ユンソジョン》▲・趙仁沃らと親交を結んで王氏復興の志を立てていた。一方、禑王と寧妃は開京を出て江華へ向かい、崔瑩は合浦《ハッポ》(慶尚南道昌原市馬山合浦区)に流配となった。

一三八八年六月九日、恭愍王妃定妃の教《きょう》(命令)により禑王の世子昌が九歳で王位を継承した。李成桂は宗室から王位継承者を選出するつもりであったが、李仁任に取り立てられた恩義がある曺敏修は時の名儒李穡と密議のうえ、李仁任とは従兄弟にあたり、禑王の義父でもある李琳《イイム》の孫を擁立したのである。ついで曺敏修は楊広全羅慶尚西海交州道都統使を、李成桂は東北面朔方江陵道都統使を兼任し、崔瑩に代わってこの二人が高麗の軍事権を掌握した。そして七月、昌王は王大妃定妃とともに寿昌宮《スチャングン》に入り、高麗政府は門下賛成事禹仁烈《ウイニョル》・政堂文学偰長寿《ソルジャンス》を明に派遣して禑王の「譲位」と昌王の襲封を要請した。しかし、洪武帝は「必ず其の臣李成桂の謀《はかりごと》ならん。東夷《とうい》(中華の東方の野蛮人)

▼尹紹宗(一三四五～九三)　文臣。本貫は茂松。李穡《イセク》の門人。威化島の回軍の際には東門外にて李成桂を迎え入れ、王氏の推戴を暗示すべく軍前に『漢書』霍光《かくこう》伝を捧げたという。性理学と経史に明るく、文名があった。

の狡詐《こうさ》（悪がしこくて嘘をつく）、多く此れに類《に》たり。姑《しばら》く之を俟《ま》ち、以て其の変を観よ」と、李成桂に対する不信感をあらわにした（『明太祖実録』巻一九四、洪武二十一年十月庚申）。おそらく高麗政府の要請は黙殺されたであろう。「姑く之を待て」という洪武帝の警戒心は、のちの皇帝のために示した遺訓にも盛り込まれたほどである（五七頁参照）。

昌王は即位後まもなく「近来、豪強（権勢家）兼幷《けんぺい》（人の土地を奪って自分のものにあわせる）し、田法大いに壊る。其の救弊の法、都評議使司《とひょうぎしし》▲・司憲府・版《はん》図司《とし》▲に仰せて擬議、申聞《しんぶん》（上奏）せよ」と王命を下す（『高麗史』巻七八、食貨志一、田制、禄科田、辛禑十四年六月）と、これに応えて趙浚らが七月に田制改革を上書した。国家権力を排除した違法な私田のみならず、合法的な私田もその収租権（私田の所有者が耕作者から租を徴収する権利）を国家がすべて没収して財政基盤を確保し、あらためて収租権を官僚に分配する必要があった。これが李成桂派の主張する田制改革の意図であり、高麗の支配秩序を破壊する行為でもあった。ところが、曺敏修はこの改革を阻んだことから趙浚によって弾劾され、昌《チャン》寧《ニョン》県（慶尚南道昌寧郡）に流配となった。そのため、八月に李穡が門下侍中に任

▼都評議使司　国政の重大事を議論した最高政務機関で、高麗初期に辺境の軍務を処理していた都兵馬使司を一二七九年に改編したもの。一三九二年の朝鮮開創後も高麗の制度にならって設置し、一四〇〇年に議政府に改編した。

▼版図司　前身は六部のひとつ戸部で、戸口・貢賦・銭穀に関する業務を管掌した。一三五六年に版図司を戸部と改め、六二年に版図司、六九年に民部、七二年に再び版図司に改称した。のち一三八九年に戸曹と改称される。

じられ、李成桂は守門下侍中となって都総中外諸軍事▲を兼任した。以後四年間、政治的主導権をめぐる政争が繰り広げられる。

まず、従来の按廉使《あんれんし》をより品階の高い都観察黜陟使《とかんさつちゅっちょくし》▲に改編して彼らに全国の田地を測量させ、十月には給田都監を設置するなど、田制改革の基礎作業が始まった。この量田《りょうでん》事業は翌八九年春にいったん完了し、四月に再度、最高合議機関の都評議使司で私田の改革が議論された。このとき、急進改革派の趙浚・李成桂・鄭道伝・尹紹宗の四人は賛成したが、穏健改革派の李穡・李琳・禹玄宝・辺安烈・権近・柳伯濡《ユベギュ》の六人が反対し、鄭夢周は態度を保留した。都評議使司の議論では賛成者がやや劣勢であったが、のちに「議者五十三人、革《あらた》めんと欲する者は十に八九、其れ欲せざる者は巨室（権勢家）の子弟なり。太祖、卒《つい》に浚の議を用いて之を革む」とある（『高麗史』巻一一八、列伝三一、趙浚）ように、八割から九割の大部分の官僚が賛成にまわって結果は覆った。ここに李成桂は反対派の筆頭李穡を制して私田の改革を断行し、九月には給田都監主導のもと、科田《かでん》（官僚の品階に応じて収租権を与えられた土地）受給者の選定に入った。李穡は七月に判門下府事に昇っていたが、前年に正朝（元旦）を祝う賀正使として明

▼都総中外諸軍事　高麗末期、全軍の諸般の軍務を統括した都総中外諸軍事府（実態は李成桂の私兵）の長官。朝鮮開創後、李成桂はこの司令部を廃止して義興親軍衛を設置した。

▼都観察黜陟使　各道の長官である都観察黜陟使には両府、つまり門下府と密直司の二品以上の大臣が任命された。

に赴いた際に副使李崇仁が商賈《しょうこ》のごとく売買を行ったとして弾劾されるや責任を感じ、十月に職を辞して長湍《チャンダン》(京畿道坡州市長湍面)の別荘に隠居した。のち、給田都監は一三九〇年正月にはじめて科田受給対象者の官僚にあらたな田籍《でんせき》(土地支給の証明文書)を頒給し、九月には旧来の公私の田籍が王都の市街で焼却された。

公私の田籍を市街に焚く。火、数日滅《き》えず。王、嘆息流涕して曰く、「祖宗の私田の法、寡人《かじん》の身に至りて遽《にわか》に革まる。惜しきかな」と。(『高麗史』巻七八、食貨志一、田制、禄科田、恭譲王二年九月)

田制改革は恭譲王《コンヤンワン》▲をはじめとする既得権勢力の望むところではなかった。しかし、翌九一年五月に田制改革の結実として科田法が公布されることにより、官僚に対する土地の収租権分給制度が確立し、国家財政の基盤が確保された。

仮を廃して真を立つ

昌王を擁立した李穡と曺敏修はもはや失脚したも同然であった。そのうえ、一三八九年十一月十三日になると「金佇《キムジョ》事件」が発覚し、政局は大きく変動す

▼恭譲王(在位一三八九〜九二)　高麗第三十四代国王。神宗《シンジョン》の七代孫。諱は瑤。昌王廃位後に擁立されたが、一三九二年七月に李成桂派によって廃位され、高麗王朝四七五年の幕を閉じた。

▼礼儀判書　儀礼・教育・外交などに関する業務を管掌した礼儀司の長官で正三品。一三六二年に六部のひとつ礼部を礼儀司と改めたが、のち一三八九年に礼曹と改めた。

▼郭忠輔(?〜一四〇三)　武臣。本貫は清州。李成桂にしたがって威化島より回軍し、開京で崔瑩の軍勢を撃破して崔瑩を捕らえた。朝鮮開創後は開国原従功臣となり、商議中枢院事・都総制などを歴任した。

▼興国寺　開城市満月洞にあった寺刹。九二四年に創建され、国家の重要仏事が催されただけでなく、政治空間としても利用された。契丹(遼)軍を破った姜邯賛《カンガムチャン》が一〇二一年に国家の安泰を祈念して建立したと

る。未遂ながら李成桂暗殺事件であって、禑王復位事件といってもよい。崔瑩の甥の金佇が同じく崔瑩一族の鄭得厚《チョンドゥック》とともに、江華から黄驪《ファンニョ》（京畿道驪州市）に移されていた禑王に謁見したところ、禑王と親しいという礼儀判書郭忠輔《クァクチュンボ》▲に剣を授けて李成桂を殺害するとの計画を打ち明けられた。これを知った郭忠輔は李成桂に密告し、禑王の指示どおりに李成桂の屋敷を訪れた金佇・鄭得厚は捕らえられ、鄭得厚はその場で自刎、金佇は巡軍獄（獄舎）に囚われたのである。金佇は辺安烈・李琳・禹玄宝・禹仁烈らも共謀したと自白したため、彼らも流配に処せられ、かつて田制改革に反対した勢力は一掃された。李成桂派が反対派を排除するために操作した政治的事件であった。

翌日の十四日に禑王は黄驪から江陵に移され、昌王は江華に追放された。李成桂は広化門《クァンファムン》外の興国寺《フングクサ》▲にて判三司事沈徳符・門下賛成事池湧奇《チヨンギ》・鄭夢周・政堂文学偰長寿・門下評理成石璘《ソンソンニン》▲・知門下府事趙浚・判慈恵府事▲朴葳《パクウィ》・密直副使鄭道伝（彼らはのち九功臣として褒賞される）と会合を開き、昌王を廃位して神《シン》宗《ジョン》▲七代孫の定昌君王瑶《ワンヨ》を擁立することを提案した。かつて李仁任らが擁立した禑王は辛吨《シンドン》▲とその婢妾般若《パニャ》のあいだに生まれたといわれ、その息子昌王も恭

いう石塔が、開城市子男洞の高麗博物館の前に残る（一二五頁参照）。

▼成石璘（一三三八〜一四二三）　文臣。本貫は昌寧。恭譲王代に芸文大提学・門下賛成事を務め、朝鮮開創後は判開城府事・判漢城府事などを経て、領議政に昇った。諡号は文景。著書に『独谷集』がある。

▼判慈恵府事　慈恵府は恭愍王妃定妃の供御に関する業務を管掌した官庁で、一三五四年に判事以下、尹・少尹・判官などが設置された。

▼神宗（在位一一九七〜一二〇四）　高麗第二十代国王。諱は晈、晫、字は士華。仁宗《インジョン》の五男。兄の明宗《ミョンジョン》が武臣の崔忠献《チェチュンホン》によって廃位されると、国王に擁立された。諡号は靖孝。

▼辛吨（?〜一三七一）　僧侶。本貫は霊山。法名は遍照。玉川寺の寺婢の息子。恭愍王の信任を得て政治・宗教の大権を掌握したが、権力を濫用して人望を失い、水原に流配となって斬刑に処された。

顕陵（王建陵）

▼王建（在位九一八～九四三）　高麗初代国王。字は若天。本貫は開城。九一九年に鉄円（鉄原）から松嶽（開城）に都を遷し、崇仏政策を建国理念とした。諡号は神聖、廟号は太祖。

愍王の血を引く王氏ではなく、洪武帝も「当《まさ》に仮を廃して真を立つべし」と厳命していたという。ただし、何不自由なく育った定昌君は政治に疎いという反対論（趙浚）、賢者を選ぶのが重要であって、かならずしも王氏一族の親疎にこだわる必要はないという慎重論（成石璘）もあった。彼らは李成桂の擁立を意図していたとも考えられる。李相佰《イサンベク》によれば、禑王と昌王が辛旽の血筋をひくというのは、李成桂派が彼らの排除を合理化するために捏造したものとみている。最終的に「宗室数人の名を書し、徳符・浚・石璘を遣わして啓明殿《ケミョンジョン》に詣み、太祖（王建《ワンゴン》▲）に告げて探籌《たんちゅう》（くじ引き）せしむ。果たして定昌君の名を得たり」ということになった（『高麗史』世家巻四五、恭譲王総書）。高麗第三十四代国王恭譲王の誕生である。弟の定陽君王瑀《ワンウ》の娘は李成桂の七男李芳蕃《イバンボン》に嫁いでおり、姻戚関係を利用した李成桂は政治的基盤をさらに固めることができたであろう。

　翌十五日早朝、李成桂らは王大妃定妃のもとを訪れ、定妃の教を借りる形式で恭譲王を王位に即《つ》け、禑王と昌王を庶人とした。恭譲王は寿昌宮にて即位儀礼に臨み、定陽君瑀率いる軍勢を長湍に派遣して有事に備えさせた。ところが、恭譲王の即位を知った李穡が長湍より公然と王宮へ参内して祝うと、恭譲王は李穡に輔弼《ほひつ》を命じた。そのため、十七日に李穡が判門下府事に返り咲き、辺安烈を領三司事に任命するという人事異動があった。失脚したかに思われた李穡の政界復帰は、李成桂派にとっては誤算であった。

恭譲王は太廟▲に即位を報告して王宮に戻ると、南面することなく玉座に座ったため、李穡が「上(国王の敬称。恭譲王を指す)、已《すで》に位に即く。今又た南面せずんば、以て臣民の望みに答うる無からん」と進言する(『高麗史』世家巻四五、恭譲王元年十一月甲申)ほど、ぎこちなさは残った。「聖人は南面して天下を聴《おさ》む」(『礼記《らいき》』大伝)というように、古来君主は南向きに座って政務を執るものである。とはいえ、太廟の祭祀権を継承した恭譲王は順安君王昉《ワンバン》・同知密直司事趙胖《チョバン》▲を告奏使として明に即位を報告させ、当日の二十六日は冬至であったことから百官を率いて対明遥拝儀礼を執り行い、洪武帝に忠誠の意を表した。

威化島の回軍の正当化

一三八九年十二月一日に左司議呉思忠《オサチュン》・門下舎人趙璞《チョバク》▲らの上疏により、李穡は息子の李種学《イジョンハク》ともども罷免となり、曺敏修は庶人に落とされた。恭愍王亡き

▼太廟　高麗歴代国王の神位(位牌)を祀る廟。宋の徐兢《じょきょう》『宣和奉使高麗図経』(一一二四年)巻一七、祠宇に「其の祖廟は国の東門の外に在り」とあるように、高麗の太廟は羅城外にあった。宗廟ともいう。

▼趙胖(一三四一～一四〇一)　文臣。本貫は白川。開国功臣二等となる。十二歳で父とともに元の大都(北京)に渡って漢文とモンゴル語を学び、帰国後はたびたび明に派遣された。諡号は粛魏。

▼趙璞(一三五六～一四〇八)　文臣。本貫は平壌。開国功臣一等となる。李芳遠とは相婿《あいむこ》(姉妹の夫どうし)で、二度にわたる王子の乱で芳遠を助け、定社功臣一等・佐命功臣三等となる。諡号は文平。

和寧郡開国忠義伯の爵位を記した「李太祖戸籍原本」(部分)

あと、李仁任の権勢を背景に彼らが禑王と昌王を相次いで擁立したことが、今になって問題視されたのである。かつて田制改革に反対した李穡が恭譲王の信頼を得たとなれば、政治に疎い恭譲王を擁立した李成桂派にとっては障害となりかねない。李成桂派による迅速な措置であった。

そのうえ、十二月四日には権近が司憲府の弾劾により寧海《ヨンヘ》(慶尚北道盈徳郡寧海面)に遠流となる。昌王の親朝を請うべく明に派遣された権近は、帰国途中に礼部の咨文《しぶん》(同等官府のあいだで用いられた公文書)を開きみて、機密事項ともいうべきその咨文を李琳に示したのち、都評議使司に伝達したという。伝達の前後を誤ったことに加え、昌王の外祖父である李琳に咨文を開示したところに問題があった。のみならず、かつて李成桂は昌王を廃位する際に、「天子の命」に「当に仮を廃して真を立つべし」とあったことをその理由としてあげていたが、礼部の咨文にはそこまで踏み込んだ文言は残っておらず、「高麗国中故《こ》多く、陪臣《ばいしん》は忠逆混淆し、為す所皆な良謀《りょうぼう》(良計)に非ず。廃立自由、豈《あ》に三韓世《せい》守《しゅ》の道ならんや」とあるにすぎなかった(『明太祖実録』巻一八六、洪武二十二年八月癸卯)。洪武帝はむしろ、頻繁に国王を廃立する高麗政府に難色を示していたのである。恭譲王を擁立した李成桂派が咨文の原文を知悉する権近を中央政界から追放した、と考えて差し支えなかろう。

禑王と昌王は十二月十五日に殺害された。台諫《だいかん》(司憲府の官員と、門下府の下部組織で諫言を掌った郎舎の官員)の上疏を受け、恭譲王が命じたものである。宰相のうち李成桂のみは「既に江陵に安置するを以て朝廷(明)に聞《ぶん》す(報告した)。中変(途中で変える)すべからず。且つ臣等在り、禑、乱を為さんと欲すと雖も、何をか憂えんや」と反対した(『高麗史』世家巻四五、恭譲王元年十二月戊申)が、将来に禍根を残すべきではなかったであろう。

恭譲王は禑・昌王の誅殺を太祖王建の肖像画を奉安する報恩寺《ポウンサ》の孝思観《ヒョサグアン》に報告し、李成桂を元勲とする九功臣に録券を下した。筆頭の李成桂を奮忠定難匡復燮理佐命功臣として和寧郡開国忠義伯の爵位とともに食邑▲一〇〇〇戸、食実封三〇〇戸、田二〇〇結《けつ》▲、奴婢二十口が下賜され、沈徳符を青城郡忠義伯として田一五〇結、奴婢十五口が、鄭夢周・偰長寿ら七名をみな忠義君としてそれぞれ田一〇〇結、奴婢十口が下賜されたのである。高麗王室を再興した彼らは、かつて王建を推戴した開国功臣裵玄慶《ペヒョンギョン》の例にならって中興功臣と称され、父母

▼食邑　国王が王族や功臣に租税で生活できるように与えた邑(郡県)や一定地域の民戸。高麗時代の食邑は名誉的なものが多く、後出の食実封が実質的な恵沢であった。一三九一年八月から太祖が即位した一三九二年七月のあいだに作成されたと推定される「李太祖戸籍原本」(国宝)は、このとき下賜された食実封と奴婢の戸籍の一部とみられる。

▼結　農地を計量する面積単位の一種で、一結＝一〇〇負、一負＝十束、一束＝十把とされた。肥沃度に応じて農地は上田・中田・下田の三等級に区分され、実面積は異なる。

と妻の封爵、子孫への蔭職《いんしょく》の叙授など特典が付与された。

一三九〇年四月に恭譲王は、かつて威化島の回軍を主導した李成桂・曺敏修をはじめ、これに協力した沈徳符ら四十五名を回軍功臣として録勲し、故人となった辺安烈ら七名のほか礼曹判書尹紹宗・判典校寺事南在《ナムジェ》▲の二名を加えた計五十四名に恩典を施した。姜芝嫣《カンジオン》の分析によれば、回軍功臣は⑴李成桂と血縁関係にある人物（庶弟の李和《イファ》、庶兄の李元桂《イウォンゲ》、義兄の趙仁璧《チョインビョク》とその長男趙温《チョオン》、妻康氏の姪の婿となる李豆蘭）、⑵回軍の決定に中心的役割を果たした李成桂麾下の核心人物（黄希碩・陸麗・金仁賛《キムインチャン》・柳曼殊《ユマンス》ら）、⑶回軍が実行に移されるまで遼東遠征に参与していた高位の武将（沈徳符・裵克廉《ペグンニョム》▲・池湧奇・朴葳・鄭地《チョンジ》・黄甫琳《ファンボイム》ら）、そして⑷回軍の政治的名分を提供するのに重要な役割を果たした文臣（趙仁沃・南誾・劉敬《ユギョン》・尹紹宗・趙浚ら）からなる。威化島の回軍の主軸は李成桂という新興武将と麾下の親兵であったが、ここに李成桂に共鳴する文臣が結合し、高麗政局の構図を塗り替えたことになる。回軍功臣の録勲は、たんに威化島の回軍の加担者に対する褒賞のみを意味するのではなく、回軍の正当性を合理化し、李成桂の政治的基盤をより強固にするところに目的があった。

▼**南在**（一三五一〜一四一九）　文臣。本貫は宜寧。李穡《イセク》の門人。初名は謙。南誾《ナムウン》の兄。開国功臣一等となる。朝鮮開創後は慶尚道観察使・議政府賛成事・右議政などを経て、領議政に昇った。諡号は忠景。著書に『亀亭遺稿』がある。

▼**裵克廉**（一三二五〜九二）　文臣。本貫は京山（星州）。開国功臣一等となる。李成桂とともに威化島回軍を決行し、門下右侍中に昇って李成桂を推戴した。諡号は貞節。

尹彝・李初事件

回軍功臣の録勳後、不可思議な事件が発生した。一三九〇年五月一日、告奏使王昉・趙胖一行が明から帰国し、次のように報告した。

礼部、臣等を召して曰く、「爾《なんじ》の国人、尹彝《ユンイ》・李初《イチョ》なる者有り、来《きた》りて帝に訴えて言うに、『高麗の李侍中（李成桂）、瑶（恭譲王）を立てて主と為す。瑶は宗室に非ず、乃ち姻親なり。瑶、李太祖旧諱と謀りて兵馬を動かし、将に上国を犯さんとす。宰相李穡等、以て不可と為すや、即《すなわ》ち李穡等十人を将《もっ》て殺害し、禹玄宝等九人を将て遠流す。其の貶《へん》（流配所）に在る宰相等、潜かに我等を遣わし、来りて天子に告げしむ』と。仍《よ》りて親王に天下の兵を動かし、来りて討たんことを請う」と。乃ち彝・初、記す所の穡等の姓名を出《いだ》し、以て之を示して曰く、「爾、速やかに国に還りて王及び宰相に語り、彝の書内の人等を将て詰問し、来り報ぜよ」と。（『高麗史』世家巻四五、恭譲王二年五月癸巳朔）

李成桂と恭譲王が明に対する侵犯を共謀している、と尹彝と李初が明に逃亡して訴えたという。当初、高麗政府はその措置を決めかねていたが、六日夜、元帥金宗衍《キムジョンヨン》が失踪した。尹彝の書中に金宗衍の名がある、と知己の池湧奇から告げられたらしい。ここに嫌疑は濃厚となって大捜査となり、韓山《ハンサン》李氏の李穡・李種学、固城《コソン》李氏の李琳・李貴生《イグィセン》（李琳の息子）、星州《ソンジュ》李氏の李崇仁・李仁《イイン》敏《ミン》（李仁任の弟）、丹陽《タニャン》禹氏の禹玄宝・禹仁烈、安東《アンドン》権氏の権近・権仲和《クォンジュンファ》▲らが投獄された。みな当代の有力家門出身であり、回軍功臣の慶補《キョンボ》・鄭地も囚われ、武将の洪仁桂《ホンインゲ》・尹有麟《ユンユリン》（尹彝の従弟）・崔公哲《チェゴンチョル》は獄死して梟首となった。

恭譲王の弟王瑀は李芳蕃の舅であるから、恭譲王と李成桂が姻戚関係にあったのは事実である。しかし、尹彝・李初の密告は当時の政治状況からみても疑わしい。そもそも恭譲王即位後、李成桂が兵馬を動員して明を攻撃しようと計画した形跡はない。事実であれば、威化島の回軍の名分をみずから失うことになる。後日、左司議金震陽《キムジニャン》は「彝・初の事、三歳の小童《しょうどう》も亦た其の誣《いつわ》りを知る」と同僚に漏らしたところ、軽率な発言との理由から司憲府に弾劾されて罷免となった（『高麗史節要』巻三四、恭譲王二年六月）。李成桂とは二十数年来の親交があった鄭夢周も、「彝・初の党、罪は固《もと》より白《あき》らかならず」と疑問を呈し、彼らの赦免を請うている（同書巻三四、恭譲王二年八月）。

▼**権仲和**（一三三二〜一四〇八）　文臣・学者。本貫は安東。恭譲王代に門下賛成事・商議賛成事を歴任し、朝鮮開創後は政堂文学・判門下府事などを経て領議政に昇った。諡号は文節。

恭譲王は六月に政堂文学鄭道伝を聖節使に、芸文館提学韓尚質《ハンサンジル》を千秋使として明に派遣した。その際、使者を高麗に派遣して尹彝・李初の件を調査するよう請い、また恭譲王が直接明に赴いて事情を説明したいと伝達させた。しかし、結果は鄭道伝の帰国を待つまでもなかった。洪武帝の第十子朱檀《しゅだん》(魯王)の死去に弔意を表すべく明に赴いていた密直副使柳爰廷《ユウォンジョン》が七月に帰国し、李成桂の嫌疑は晴れて尹彝・李初が遠流に処された、と報告したからである。そのため、十一月までには李穡・禹玄宝らも赦免となる。

ところが、尹彝・李初事件はさらに波紋を呼んだ。失踪中の金宗衍が李成桂の殺害を企て、この謀略を門下侍中沈徳符も承知しているとの嫌疑がかかると、沈徳符は身の潔白を証明すべく巡軍獄に出向いた。かねてより辞職を願い出ていた李成桂はまもなく領三司事となり、李成桂に代わって鄭夢周が守門下侍中に就任する。司憲府が「今、中外の軍事、既に領三司事李〔太祖旧諱〕を以て之を都総せり。悉く《ことごと》諸元帥の印章を収めんことを請う」と上奏して武臣の兵権を剥奪した(『高麗史』世家巻四五、恭譲王二年十一月辛丑)のは、李成桂派に反撃する可能性がある武臣勢力を封鎖するためであろう。十一月下旬には沈徳符のみならず池湧奇・朴葳らの回軍功臣も連座し、流配に処せられた。そのため、沈徳符に代わって李成桂がはじめて門下侍中に就任し、都総中外諸軍事を兼ねた。

金宗衍は十二月に谷州《コクチュ》(黄海北道谷山郡)の山中で身柄を確保されたが、その翌日に獄死したため、自白を引き出すことはできなかった。事件の真相は闇に葬られたというほかない。金宗衍の死体は支解《しかい》(両手両足を切り離す刑罰)のうえ、諸道にさらされた。

軍事権の掌握

一三九一年正月に従来の軍事組織体系である五軍(中・前・後・左・右軍)を三軍に改編して最高軍令機関の三軍都総制府《さんぐんとそうせいふ》が創設され、李成桂は長官の三軍都総制使に、その副官として裵克廉が中軍総制使、趙浚が左軍総制使、鄭道伝が右軍総制使に任命された。李成桂派が高麗の全権を掌握したといってもよい。二月には回軍一等功臣李成桂に一〇〇結、二等功臣の沈徳符ら十七名に五十結、三等功臣の崔鄲《チェダン》ら三十名に三十結の田地が下賜され、八月に録券が発給された。

ただし、故人の辺安烈と流配中の池湧奇らに対する録券の発給は見送られ、実際に功臣田を受給したのは五十四名のうち四十八名である。

五月に科田法が公布されると、政堂文学鄭道伝は李穡と禹玄宝を誅殺するよう都評議使司に上書した。彼らは尹彝・李初による誣奏《ぶそう》事件の関与者とみなされていただけでなく、田制改革の反対論者でもあった。司憲府もこれに同調して李穡を論罪すると、六月に李穡は咸昌《ハムチャン》(慶尚北道尚州市咸昌邑)に流された。ついで台諫は禹玄宝の追放を要請したが、恭譲王は受け入れず、逆に李芳遠《イバンウォン》(李成桂の五男。のちの太宗)を李成桂の屋敷に送って台諫の動きを止めさせようとした。恭譲王の娘貞信宮主《チョンシンクンジュ》は禹玄宝の孫禹成範《ウソンボム》に嫁いでおり、姻戚の禹玄宝を追放するのは躊躇されたであろう。疑いをかけられた李成桂はこれを不服として辞職を請うと、禹玄宝は鉄原《チョルォン》(江原道鉄原郡)に流配となる。金塘澤《キムダンテク》によれば、李成桂は恭譲王を威嚇する武器として辞職願いを頻繁に利用していたという。

では、李成桂派の権力が盤石であったかといえば、そうではない。九月に李成桂が辞職を請うと、沈徳符が門下侍中に復帰し、王瑀を領三司事、李成桂を判門下府事、鄭道伝を平壌府尹とする人事異動があった。鄭夢周は恭譲王に「今後、復《ま》た論劾有らば、誣告《ぶこく》を以て論ず」と命じるよう上奏し（『高麗史節要』巻三五、恭譲王三年九月）、李成桂派の反対派に対する度重なる弾劾に釘をさしている。開京から平壌に左遷された鄭道伝はまもなく故郷の奉化県《ポンファ》（慶尚北道奉化郡）に追放され、十月には職牒（任命文書）と録券を奪われて羅州《ナジュ》（全羅南道羅州市）に移送された（のち十二月に奉化に量移）。司憲府の言論によれば「道伝の家風正しからず、派系も未だ明らかならず、大職を濫《みだ》りに受けて朝廷を混淆す」という（同書巻三五、恭譲王三年十月）から、鄭道伝の血統を問題視した人身攻撃に近い。鄭道伝の外祖父禹淵《ウヨン》（延）の妻は禹玄宝一族の僧侶禹戩《ウジョン》と奴婢のあいだに生まれ、また鄭道伝の妻崔氏も妾の娘であったといい、禹玄宝一族はかねてより鄭道伝を蔑視していた。李成桂麾下の論客であった鄭道伝の失脚により、李成桂と恭譲王・鄭夢周とのあいだに摩擦が生じるようになる。

　そのうえ、十一月には流配に処されていた李穡・李種学ならびに李崇仁が開京に呼び戻され、十二月になると李穡は韓山府院君領芸文春秋館事▲を拝命し、禹玄宝も丹山府院君に封爵された。このとき、李成桂・沈徳符・鄭夢周に安社

▼領芸文春秋館事　一三八九年に芸文館と春秋館（政事の記録と国史の編纂を管掌）を統合した芸文春秋館の長官で、宰相が兼任した。

功臣、偰長寿・趙浚・成石璘には定難功臣の号が加賜されたとはいえ、反李成桂派の復権が政界を揺るがすであろうことは容易に想像できよう。この年の『高麗史節要』の末尾に「是の歳、宜州《ウイジュ》の大枯樹、復た生《い》く。時の人以為《おも》えらく、我が太祖開国の兆しなりと」と記される(同書巻三五、恭譲王三年十二月)のは、王朝交替を予期させようとする史官のレトリックであろう。

高麗滅亡

一三九二年三月、賀正使として明に派遣されていた世子王奭《ワンソク》が帰国するとの報告に接するや、恭譲王は王瑀と李成桂に黄州《ファンジュ》(黄海北道黄州郡)まで出迎えるよう命じた。ところが、李成桂は途中、海州《ヘジュ》(黄海南道海州市)で狩りを楽しんでいたところ、落馬して重傷を負う事故が発生した。これを知った恭譲王は医官を送って薬を届けさせたが、このとき鄭夢周は喜色を浮かべたという。急進改革派の李成桂と穏健改革派の鄭夢周とのあいだに生じた亀裂は、もはや修復不可能であった。これより高麗王朝の命運を左右する最後の政争が始まる。

四月一日、諫職にあった金震陽らは上疏して李成桂派の中心人物である三司

善竹橋

▼趙英珪（?～一三九五）　武臣。新昌趙氏の始祖。開国功臣二等となる。恭愍王代よりたびたび倭寇の鎮圧のため出陣し、李芳遠と謀議して鄭夢周を撃殺した。

左使趙浚以下、南誾・尹紹宗・南在・趙璞らを弾劾し、彼らは職牒を奪われて遠流に処せられた。趙浚が恭譲王の擁立に反対していたことは、すでに述べたとおりである。鄭道伝にいたっては懲戒処分中の奉化で捕らわれ、甫州《ポジュ》（慶尚北道醴川郡）に監禁された。翌日、李成桂が海州から開京の屋敷に戻る途中、李芳遠は礼成江《イェソンガン》河口の碧瀾渡《ピョンナンド》（黄海南道延白郡海月面碧瀾里）に留まる李成桂のもとへ「鄭夢周、必ず我が家を陥れんとす」と馳せ報じたが、李成桂は何も答えなかった（『高麗史節要』巻三五、恭譲王四年四月）。そして二日後の四月四日、鄭夢周が開京の善竹橋《ソンチュクキョ》（開城市善竹洞）で殺害された。『高麗史』には「判典客寺事趙英珪《チョヨンギュ》▲等、守侍中鄭夢周を殺す」とあるにすぎない（同書世家巻四六、恭譲王四年四月乙卯）が、刺客《しかく》を差し向けたのはほかならぬ李芳遠であった。

　鄭夢周は趙浚・南誾・鄭道伝らによる李成桂推戴の動きを危惧し、台諫を扇動して彼らを弾劾のうえ殺害する計画を立てていたという。そこで李芳遠は姻戚の李和・李済《イジェ》らとともに、鄭夢周の排除をはかったのである。当初、李芳遠は李豆蘭に鄭夢周暗殺を依頼したが、拒絶されたという経緯がある。ところが、李元桂の娘婿卞仲良《ピョンジュンニャン》がこの謀議を鄭夢周に漏らしたため、鄭夢周は李成桂の屋敷を訪ねて探りを入れると、思いのほか李成桂はいつものように歓待した。これを好機と判断した李芳遠は趙英珪・趙英茂《チョヨンム》らに待ち伏せさせ、帰宅途中の鄭夢周を撲殺するにおよんだのである。この暴挙に李成桂は激怒したが、もはや趙浚・南誾らを呼び戻して台諫とともに弁明させるよう、麾下の黄希碩を介して恭譲王に要請するほかなかった。鄭夢周の首は市街にさらされ、「虚事を飾りて台諫を誘い、大臣を害《そこ》なわんと謀りて国家を擾乱《じょうらん》す」と記した立て札が掲げられた(『高麗史』巻一一七、列伝三〇、鄭夢周)。

四月下旬に門下侍中を拝命した李成桂は再三辞職を願い出たが、許されなかった。渦中の趙浚・南誾らは召還され、趙浚は判三司事に、南誾は同知密直司事となる。恭譲王は李成桂を見舞い、「其れ速やかに治療して、寡人の為《た》めに出《い》でて視事《しじ》(政務を執り行う)せよ」と懇請した(『高麗史』世家巻四六、恭譲王四年六月丁卯)。李穡はすでに故郷の韓州《ハンジュ》(忠清南道舒川郡韓山面)に追放され、禹玄宝にも遠流の処分が下り、恭譲王は孤立したも同然であった。

七月五日、恭譲王は密直提学李芳遠を召し出し、李成桂と同盟する意向を伝えた。同盟書の冒頭には「卿(李成桂)有らずんば、予、焉《いづ》くんぞ此《ここ》に至らん。

卿の功と徳とを、予、敢えて諸《これ》を忘れんや」とあり(『高麗史』世家巻四六、恭譲王四年七月甲申)、恭譲王の焦燥感が看取できよう。しかし、十二日に門下右侍中裵克廉らは王大妃定妃に「今の王は昏暗《こんあん》(愚かなこと)、君道已に失《う》せ、人心已に去る。以て社稷・生霊の主と為すべからず。請う、之を廃せんことを」と、恭譲王の廃位を要請すると、恭譲王は百官の前で王位を去り、王妃・世子とともに原州《ウォンジュ》(江原道原州市)に追放された(同書世家巻四六、恭譲王四年七月辛卯)。定妃の教を借りる形式を採ったところは、かつて昌王を廃位した際と同様の手続きである。百官は王位継承の証となる国璽を王大妃殿に奉献し、翌十三日に定妃は教を下して李成桂に国事を監督させることにした。李成桂が裵克廉・趙浚・鄭道伝らによる推戴を受諾したのは、七月十六日のことである。威化島の回軍から四年間、これといった武力衝突もないまま、高麗王朝の命脈は尽きた。

③—朝鮮王朝の開創

李成桂の即位

一三九二年七月十七日、五十八歳の李成桂は開京（開城）の寿昌宮《スチャングン》にて王位に即き、群臣の朝賀を受けた。以後、約五〇〇年にわたる朝鮮王朝の開創である。二十八日に太祖李成桂は四祖▲を穆王《モクワン》・翼王《イクワン》・度王《トワン》・桓王《ファンワン》と追尊し、全国の大小臣僚・閑良《かんりょう》（実職にない官位・官職保持者）・耆老《きろう》（七十歳以上の官僚退職者）・軍民に教書を下して施政方針を宣言した。鄭道伝《チョンドジョン》が作成した「洪武二十五年七月二十八日」付けの教書によれば、国号は従来どおり「高麗」とし、儀章（衣冠）と法制もしばらくは高麗の制度を踏襲することとなった。教書の内容は、⑴宗廟・社稷制度の制定、⑵高麗王氏《ワン》末裔に対する処遇、⑶科挙の実施、⑷冠婚喪祭法の制定、⑸守令《しゅれい》（地方官）の厳選、⑹忠臣・孝子・義夫・節婦の表彰、⑺貧困者に対する救済と賦役《ふえき》の免除、⑻外吏（地方官庁の下級役人）の上京従役の廃止、⑼宮中経費の会計・出納に対する監察、⑽駅館の私的な利用禁止、⑾地方の農民を徴発して編成された騎船軍（水軍）の負担軽減、⑿戸布《こふ》（毎年春と秋に各

▼**四祖**　のち一四一一年四月に穆王（李安社）・翼王（李行里）・度王（李椿）・桓王（李子春）はそれぞれ穆祖・翼祖・度祖・桓祖と廟号を追尊された。

戸から税として徴収する麻布）の廃止、⒀屯田の廃止、⒁刑罰は『大明律《だいみんりつ》』▲を適用、⒂土地制度は科田法を適用、⒃慶尚道《キョンサンド》の載船貢物（船の上納）の廃止、⒄禹玄宝《ウヒョンボ》・李穡《イセク》ら反李成桂勢力に対する懲戒、と多岐にわたる。

あわせて七月二十八日には文武両班の位階を定め、洪永通《ホンヨントン》を判門下府事、安宗源《アンジョンウォン》を領三司事、裵克廉《ペグンニョム》を門下左侍中、趙浚《チョジュン》を門下右侍中、李和《イファ》を商議門下府事、尹虎《ユンホ》を判三司事、金士衡《キムサヒョン》▲と鄭道伝を門下侍郎賛成事、鄭熙啓《チョンヒゲ》と李之蘭《イジラン》（豆蘭）を参賛門下府事、南誾《ナムウン》を判中枢院事に任命するなど、十八名に対する要職人事が発令された。東班（文班、文臣）には正一品の特進輔国崇禄大夫から従九品の将仕郎にいたる十八品階の散階が、西班（武班、武臣）には正三品の折衝将軍から従八品の修義副尉にいたる十二品階の散階がそれぞれ定められた。東班では門下府（政治）・三司（財政）・中枢院（軍事）が存続し、その二品以上の高官二十九名で最高合議機関の都評議使司《とひょうぎしし》が構成された。このほか東班には芸文春秋館《げいぶんしゅんじゅうかん》・司憲府《しけんふ》・開城府《かいじょうふ》・六曹《りくそう》・尚瑞司《しょうずいし》・成均館《せいきんかん》など五十あまりの官府が設置されたが、中央官制は高麗末期とさほど大差はない（一九頁参照）。ただ、西班では都総中外諸軍事府を廃止して義興親軍衛《ぎこうしんぐんえい》▲を設立し、李和・鄭道伝・李之蘭な

▼**『大明律』**　一三九七年に頒布された刑法典で、明清時代を通じて刑律の根本となった。全三〇巻。朝鮮では明の洪武二十二年律に基づき、一三九五年に吏読《りとう》（漢字の音訓を借りて朝鮮語の助詞や語尾を表記したもの）を用いて朝鮮語の語順で解釈した『大明律直解』が出版された。責任者は趙浚であり、鄭道伝は草案の潤色に参与した。

▼**金士衡**（一三三三～一四〇七）　文臣。本貫は安東。開国功臣一等となる。恭譲王《コンヤンワン》代に密直使兼大司憲、知門下府事に特進し、李成桂を推戴して門下侍郎賛成事、ついで門下右侍中となった。諡号は翼元。

▼**義興親軍衛**　国王の警護と王宮の宿衛を担当した中央軍で、李成桂の私兵的性格が強い。長官の都節制使は最高の武官職で、次官級の節制使と同様、宗室・宰枢が任命された。

ど主要人物に統轄させたところは新体制の特徴といえよう。李成桂が即位翌日に義興親軍衛を設置して宗親(王族)と大臣に各道の兵士を率いるよう命じたのは、反対勢力から新政権を保護するためにもっとも緊急な措置であった。

地方政治機構についても高麗の五道両界体制をほぼ継承し、全国を京畿《キョンギ》左道・京畿右道(のち京畿道に統合)・慶尚道・全羅道《チョルラド》・楊広道《ヤングァンド》(のち忠清道《チュンチョンド》)・交州江陵道《キョジュカンヌンド》(のち江原道《カンウォンド》)・西海道《ソヘド》(のち豊海道《プンヘド》、さらに黄海道《ファンヘド》)の七道と、東北面《トンブンミョン》(のち永吉道《ヨンギルド》、さらに咸吉道《ハムギルド》・永安道《ヨンアンド》を経て咸鏡道《ハムギョンド》)・西北面《ソブンミョン》(のち平安道《ピョンアンド》)の二面に分けた。七道と二面には長官として中央から都観察黜陟使《とかんさつちゅっちょくし》と都巡問使(のち観察使に統一)がそれぞれ派遣され、府尹以下の守令を監督・指揮しつつ管内の行政と軍事を統轄することになる。

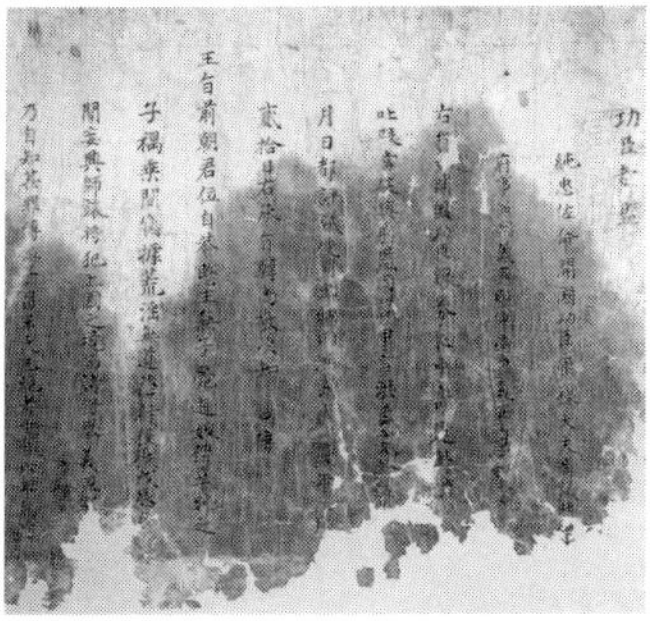
義安伯李和開国功臣録券(部分)

開国功臣の録勲と王世子の冊立

七月二十八日には太祖李成桂の推戴を主導した裵克廉・趙浚・金士衡・鄭道伝ら十四名が功臣に録勲された。八月には対象者を拡大のうえ三等級に分け、九月十六日に開国一等功臣十七名(七月に死去した金仁賛《キムインチャン》を含む)、二等功臣十一

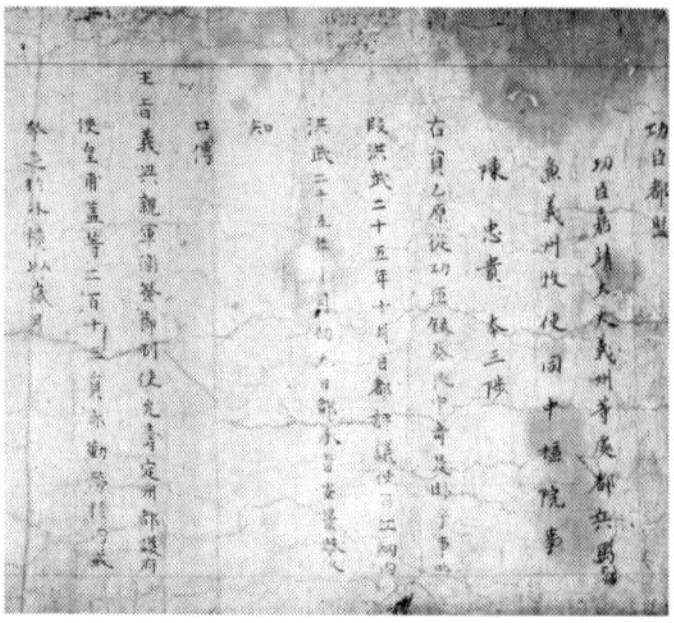

▼**原従功臣**　本来は元従功臣であるが、朝鮮王朝では明の太祖洪武帝の諱を避けて「原」従と表記された。左は陳忠貴《チンチュングィ》開国原従功臣録券（部分）。

名、三等功臣十六名の計四十四名に恩賞として田地（功臣田）と奴婢が支給されることとなった。太祖は開国功臣のために便殿《べんでん》（国王が政務を執る宮殿）にて宴席を設け、功臣それぞれに勲功を記した教書一通と録券を下賜した。のちに太祖は上将軍趙狷《チョギョン》（趙浚の弟）一名（二等）と右承旨韓尚敬《ハンサンギョン》ら六名（三等）の計七名を開国功臣に追録し、十一月に開国原従功臣▲であった黄希碩《ファンヒソク》を二等功臣に追録した結果、開国功臣は最終的に五十二名となる。功臣録勲の目的は王権の確立と政治的安定をはかるところにあった。九月下旬には裵克廉以下の開国功臣が開城北部の王輪洞《ワンニュンドン》（王輪坊）に一堂に会して王世子・諸王子とともに太祖に忠誠を尽くし、功臣間で団結することを天地神明に誓った。

開国功臣録勲の理由は威化島の回軍に始まり、昌王《チャンワン》の廃位と恭譲王《コンヤンワン》の推戴、李穡派の排除と科田法の実施、鄭夢周《チョンモンジュ》派の排除などであって、高麗末期より李成桂に同調した功労者が主軸をなす。朴天植《パクチョンシク》の分類によれば、⑴政争における協力者（趙浚・鄭道伝・南誾・趙仁沃《チョイノク》ら）、⑵太祖の姻戚（李済《イジェ》・李和）、⑶麾下の侍従者（金仁賛・趙英珪《チョヨンギュ》・張思吉《チャンサギル》ら）に大別され、これ以外にも古参の武人李之蘭、漢語とモンゴル語を操る外交官の趙胖《チョバン》、中国人で医術と占術に長じた李敏《イミン》

開国功臣一覧

	姓名	生没年	区分	本貫	当時の官職
一等功臣	裵克廉	1325～1392	文臣	京山	門下左侍中
	趙　浚	1346～1405	〃	平壌	門下右侍中
	金士衡	1333～1407	〃	安東	門下侍郎賛成事
	鄭道伝	1342～1398	〃	奉化	〃
	李　済	？～1398	宗親	星州	興安伯
	李　和	？～1408	〃	全州	義安伯
	鄭熙啓	？～1396	文臣	慶州	参賛門下府事
	李之蘭	1331～1402	武臣	青海	〃
	南　誾	1354～1398	文臣	宜寧	判中枢院事
	張思吉	？～1418	武臣	安東	知中枢院事
	鄭　摠	1358～1397	文臣	清州	僉書中枢院事
	趙仁沃	1347～1396	文臣	漢陽	中枢院副使
	南　在	1351～1419	〃	宜寧	中枢院学士
	趙　璞	1356～1408	〃	平壌	礼曹典書
	呉蒙乙	？～1398	武臣	宝城	大将軍
	鄭　擢	1363～1423	文臣	清州	〃
	金仁賛	？～1392	武臣	楊根	中枢院使
二等功臣	尹　虎	？～1393	文臣	坡平	判三司事
	李敏道	1336～1395	〃	中国河間	工曹典書
	朴　苞	？～1400	武臣	竹山	大将軍
	趙英珪	？～1395	〃	新昌	礼曹典書
	趙　胖	1341～1401	文臣	白川	知中枢院事
	趙　温	1347～1417	〃	漢陽	平壌尹
	趙　琦	？～1395	武臣	白川	同知中枢院事
	洪吉旼	1353～1407	文臣	南陽	左副承旨
	劉　敬	1352～1421	〃	江陵	成均大司成
	鄭龍寿	？～1412	〃	未詳	判司僕寺事
	張　湛	？～1400	武臣	結城	判軍資監事
	趙　狷	1351～1425	文臣	平壌	上将軍
	黄希碩	？～1394	武臣	平海	商議中枢院事
三等功臣	安景恭	1347～1421	文臣	順興	都承旨
	金　稛	？～1398	〃	慶州	中枢院副使
	柳爰廷	？～1399	〃	瑞山	前 漢陽尹
	李　稷	1362～1431	〃	星州	前 知申事
	李　懃	？～1398	〃	固城	左承旨
	呉思忠	1327～1406	〃	寧遠	戸曹典書
	李　舒	1332～1410	〃	洪州	刑曹典書
	趙英茂	？～1414	武臣	漢陽	判殿中寺事
	李伯由	？～1399	文臣	全州	前 礼曹典書
	李　敷	？～1422	武臣	公州	判奉常寺事
	金　輅	1355～1416	文臣	延安	上将軍
	孫興宗	？	未詳	伊川	〃
	沈孝生	1349～1398	文臣	富有	司憲中丞
	高　呂	？～1402	武臣	高城	典医監
	張至和	？～1398	文臣	興徳	校書監
	咸傅霖	1360～1410	〃	江陵	開城少尹
	韓尚敬	1360～1423	〃	清州	右承旨
	任彦忠	？	未詳	中国	判繕工監事
	黄居正	？	文臣	昌原	判軍器監事
	趙思靖	？	未詳	安東	大将軍
	韓　忠	？	未詳	開城	上将軍
	閔汝翼	1360～1431	文臣	驪興	兵曹議郎

〔出典〕鄭杜熙『朝鮮初期政治支配勢力研究』1983年，pp.9–10を簡略化のうえ一部補訂。下線は追録された人物。

道《ド》など多彩な人選であった。趙英珪・趙英茂《チョヨンム》・李敷《イブ》・高呂《コヨ》らに鄭夢周の暗殺を指示した李芳遠《イバンウォン》が功臣から排除されたことは、留意すべきである。

また、十月九日に太祖は前門下評理柳蔓殊《ユマンス》（蔓殊）ら二十八名に加え、義興親軍僉節制使崔允寿《チェユンス》・定州《チョンジュ》都護府使皇甫藎《ファンボゲ》ら二一三名を開国原従功臣に録勲して褒賞するよう、都評議使司に命じた。その後も閏十二月に政堂文学李恬《イヨム》一名が、ついで一三九三年七月には洪永通・安宗源・権仲和《クォンジュンファ》・成石璘《ソンソンニン》ら八〇七名が開国原従功臣に録勲された。崔承熙《チェスンヒ》の集計によると、原従功臣は一三九七年十月までに最終的に一三九六名に達し、高官のみならず多様な身分と職役をもった人々も含まれている。開国功臣と同様、原従功臣を選定したのは太祖自身であって、都評議使司や功臣・重臣との合議によるものではなかった。例外は権近《クォングン》と偰長寿《ソルジャンス》である。太祖の選定から漏れたこの二人は二カ月後の十二月になって原従功臣に自薦したところ、太祖は都評議使司に論議を命じ、録券の支給を許可した。高麗最末期の尹彝《ユンイ》・李初《イチョ》事件後、権近が政界に復帰したのは一三九四年のことであり、偰長寿は朝鮮開創直後に禹玄宝・李穡の一党とみなされ、流配となっていた（半年後に赦免）。

さて、太祖李成桂の即位にともない、翌月の八月七日に太祖継妃の康氏《カン》を顕妃《ヒョンビ》とした。糟糠の妻節妃《チョルビ》(韓氏《ハン》)は前年の九一年九月に死去していたため、事実上、顕妃が国母となる。ついで二十日には顕妃所生の末子で十一歳の李《イ》芳碩《バンソク》が王世子に冊立された。当初、太祖は顕妃の意向を汲んで、その長子芳蕃《パンボン》を王世子にしたいと考えていたが、開国功臣の裵克廉・趙浚・鄭道伝らは難色を示した。太祖には節妃所生の芳雨《パンウ》・芳果《パングァ》・芳毅《パンイ》・芳幹《パンガン》・芳遠《パンウォン》・芳衍《パンヨン》の六人と、顕妃所生の芳蕃・芳碩の二人の息子がいた。年長者で建国の功績を考えれば、五男の芳遠を後継者にすえるのが穏当であろう。しかし、太祖の前でそれを言いだせる者はなく、裵克廉は妥協案として芳碩を推したのである。

この決定に先だち、宗親に爵位を封じた際に永安君芳果・撫安君芳蕃と駙《ふ》馬《ば》の興安君済は義興親軍衛節制使に任命され、翌九三年九月に三軍《さんぐん》都《と》総制府《そうせいふ》が義《ぎ》興三軍《こうさんぐん》府《ふ》に改編されると、芳果は三軍府中軍節制使、芳蕃は左軍節制使、李済は右軍節制使に任じられたから、靖安君芳遠は兵権からも遠ざかったことになる。兵権を手中に収めたのは一三九四年正月に判三司事にして判義興三軍府事を兼任した鄭道伝である。王世子芳碩の冊立と鄭道伝への権力集中は芳遠の不満を買い、後日発生する骨肉の争いの伏線となる。

李成桂と洪武帝

即位翌日の七月十八日、都評議使司の名義で知密直司事趙胖を明に派遣し、「門下侍中李成桂」を推戴した事情を報告することが決定した。さらに八月二十九日には「権知《けんち》高麗国事李成桂」の名義で前密直使趙琳《チョイム》を明に派遣して即位の承認を要請することになる。「権《かり》に高麗の国事を知《つかさど》る」とあるように、新王朝の国号も決定していなかった。

十月に趙胖が帰国して洪武帝の允許を報告すると、さっそく門下侍郎賛成事鄭道伝を謝恩使として派遣し、事大の誠を誓った。ついで十一月に、国号の改定を速報せよとの回答を得た趙琳が帰国する。そこで都評議使司が耆老・百官と議論した結果、箕子《きし》▲の旧号「朝鮮」と太祖が出生した和州《ファジュ》（のち永興《ヨンフン》）の古地名「和寧《ファリョン》」の二案を得たため、芸文館学士韓尚質《ハンサンジル》を明に派遣して国号の最終選択を奏請するとともに、十二月には門下侍郎賛成事禹仁烈《ウイニョル》を遣わして「権知国事」の允許を謝恩せしめた。国号の決定を明に委ねたことは行き過ぎた事大外

▼箕子　殷の紂王の叔父で、紂王の暴虐を諫めたが聞き入れられず、周の武王が紂王を滅ぼすと朝鮮に封じられ、これにより箕子朝鮮が始まったという。

▼**『朝鮮経国典』**　一三九四年に鄭道伝が『周礼《しゅらい》』の六典体制をモデルとして治・賦・礼・政・憲・工典の六典に分け、治国の大要を総合的に著述した法典。『三峰集』所収、上下二巻。

交であり、自主性の喪失という非難も免れないが、恭愍王《コンミンワン》の死後、険悪となった朝中関係や王朝交替にともなう難題を解決するには、まず明との外交摩擦を回避する必要性があった。禑《ウ》王《ワン》廃位後、わずか四年のうちに昌王と恭譲王の廃位、そして太祖李成桂の即位という、めまぐるしい王位交替があったことも勘案する必要があろう。

洪武帝は「東夷の号、惟《おも》みるに朝鮮の称が最も美にして、且つ其の来れるや遠し」との理由から、国号「朝鮮」を選択した(『明太祖実録』巻二二三、洪武二十五年閏十二月乙酉)。この帝旨を得て韓尚質が翌九三年二月に帰国するや、太祖は遥か洪武帝の住まう宮闕に向かって謝恩の宮中儀礼を執り行い、国号改称の教書を頒布のうえ恩赦令を下した。後日、法制に明るい鄭道伝は『朝鮮経国典』▲のなかで洪武帝と太祖の関係を、周の武王と箕子の理想的な関係になぞらえている(『三峰集』巻七、朝鮮経国典上、国号)。三月には李恬を明に派遣し、かつて恭愍王が洪武帝より賜った金印(「高麗国王之印」)を返納するとともに、門下侍郎賛成事崔永沚《チェヨンジ》を派遣して改号の允許を謝恩せしめ、また成桂から旦《タン》への改名を請うて承認された。しかし、太祖を「朝鮮国王」として認める誥命《こうめい》

（辞令書）と金印（「朝鮮国王之印」）はついに洪武帝から届くことはなかった。

その後も対明関係はかならずしも円滑に進まなかった。一三九四年四月に朝鮮人の海賊行為を問罪するために来朝した明の使者黄永奇の一行は、朝鮮国内の海岳山川の神々に告祭して太祖の罪を問うた。東アジア世界の覇者となった洪武帝は、即位後まもなく安南（ベトナム）・高麗・占城（チャンパ）に使者を派遣して朝貢を促すとともに、それぞれの国内の山川を祀ったことがある。洪武帝の華夷思想を色濃く反映した対外政策であって、このとき明使が朝鮮の山川を祀るべく派遣されたのは異例のことではない。ところが、その祭文には「昔、高麗の陪臣為《た》る李仁任《イイニム》の嗣成桂、今の名旦」と記され、太祖李成桂は李仁任の嗣子とされていた。そこで六月に太祖は李氏王室の系譜を明らかにする上奏文を帰国する明使に託し、太祖が李仁任と同じ一族ではないことを強調した。ただし、朝鮮政府はこのとき明使に上奏文を託すにとどまり、別途に使節を派遣して弁明するという特別な外交措置をとっていない。これに対して明も朝鮮側に回答を示すことはなかったのである。

太祖に対する不信感を決定づけたのが洪武帝の遺訓『皇明祖訓《こうみんそくん》』▲であった。

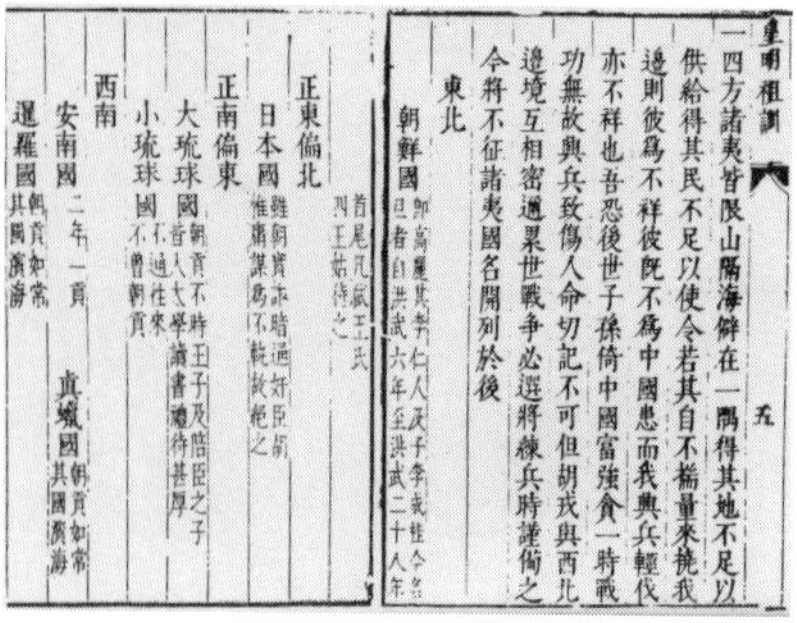
皇明祖訓　五
四方諸夷皆限山隔海僻在一隅得其地不足以供給得其民不足以使令若其自不揣量來撓我邊則彼爲不祥彼既不爲中國患而我興兵輕伐亦不祥也吾恐後世子孫倚中國富強貪一時戰功無故興兵致傷人命切記不可但胡戎與西北邊境互相密邇累世戰爭必選將練兵時謹備之
今將不征諸夷國名開列於後
東北
朝鮮國（即高麗其李仁人及子李成桂今名旦者自洪武六年至洪武二十八年首尾凡弑王氏四王姑待之）
正東偏北
日本國（雖朝實詐暗通奸臣胡惟庸謀爲不軌故絶之）
正南偏東
大琉球國（朝貢不時王子及陪臣之子皆入太學讀書禮待甚厚）
小琉球國（不通往來不曾朝貢）
西南
安南國（三年一貢）
真臘國（朝貢如常其國濱海）
暹羅國（朝貢如常其國濱海）

▼『皇明祖訓』　洪武帝勅撰。政治に関する訓戒を集め、のちに皇帝となる子孫のために示した。一三七三年に成立した『皇明祖訓録』を一三八五年に再編して『皇明祖訓』と改題した。全一巻。

朝鮮国、即ち《すなわ》高麗なり。其の李仁人(任)及び子の李成桂、今の名旦は、洪武六年より洪武二十八年に至り、首尾凡そ王氏の四王を弑《しい》す。姑《しばら》く之を待て。

(『皇明祖訓』祖訓首章、四方諸夷)

どうやら洪武帝は、李仁任と太祖李成桂の「親子」が一三七三(洪武六)年から一三九五(洪武二十八)年にかけて高麗の四人の国王(恭愍王・禑王・昌王・恭譲王を指すと思われる)を殺害したとみていたようである。太祖にとって不名誉なこの条文は、のちに明の国制総覧『大明会典』《だいみんかいてん》▲にも引用され、一字一句たりとて書き替えられることはなかった。

王氏一族の処遇

新王朝を建国した李成桂派にとって、高麗王氏一族に対する処遇は緊急な政治的課題であった。太祖の即位から四日後の一三九二年七月二十日、大司憲閔《ミン》開《ゲ》らが高麗王氏を開城から遠ざけて地方へ移すよう要請すると、順興君王昇《ワンスン》とその息子康《カン》は漕運《そううん》(税穀の輸送)分野で功績があり、定陽君王瑀《ワンウ》(恭譲王の弟)とその息子琠《チョ》・琯《クアン》には高麗王室の祭祀を継承させる必要があるため、太祖はこの

▼**『大明会典』**　一五一一年に『皇明祖訓』『大明律』など一二書を引用した李東陽《りとうよう》等撰『正徳大明会典』全一八〇巻が刊行され、のち増補修正版として一五八七年に申時行《しんじこう》等撰『万暦重修会典』二二八巻が頒布された。

五人以外の王氏一族をみな江華島《カンファド》と巨済島《コジェド》（慶尚南道巨済市）に移すよう命じた。この措置は七月二十八日の即位教書のなかでも再確認され、帰義君に封じられた王瑀は畿内の麻田郡《マジョン》（京畿道漣川郡嵋山面麻田里）を与えられて高麗王氏祭祀を継承した。王瑀の娘が太祖の七男芳蕃の妻であり、李氏王室と姻戚関係にあったことと無縁ではないだろう。八月に恭譲王は恭譲君に、恭愍王妃定妃は義和宮主に降格となり、原州《ウォンジュ》から杆城郡《カンソン》（江原道高城郡杆城邑）に移送された。

ところが、一三九四年正月に東萊《トンネ》（釜山広域市東萊区）県令金可行《キムカヘン》・塩場官（塩田の管理官）朴仲質《パクチュンジル》らが新王朝の安危と王氏の命運を密城《ミルソン》（慶尚南道密陽市）に住む盲人李興茂《イフンム》に占わせた事件が発覚し、参賛門下府事朴葳《パクウィ》の関与まで取り沙汰された。巡軍獄に囚われた李興茂の自白によれば、朴葳に言付かったという金可行らがやって来て、「恭譲の命と我が主上殿下（太祖）と、孰《いず》れか優るるや。且つ王氏の中、誰か是《こ》れ命貴き者ぞ」と聞かれたため、これを占った李興茂は「南平君王和《ワンファ》▲の命を以て貴しと為し、其の弟鈴平君王琚《ワンゴ》之に次ぐ」と答えたという（『太祖実録』巻五、三年正月丙辰）。貴人となるべき運命にあるのが高麗王氏であってはならない。台諫《だいかん》と刑曹はこの事件に関与した金可行らの論罪を上

▼**王和**（?～一三九四）　王族。鄭《チョン》夢周《モンジュ》の死後、一三九二年六月に都評議使司の弾劾によって遠地に流配となっていた。父の王珦《ワンヒャン》は神宗の六代孫で、恭譲王の叔父。

疏すると、太祖は回軍功臣の朴葳のみ復職を許可し（のち三月に罷免）、金可行らを辺境に杖流する処分を下した。彼らの処分が極刑ではなく流配にとどまっていることから、王氏勢力と結託した事件であったとは考えがたい。

　これで事態は収拾したかにみえたが、台諫と刑曹はこの事件を口実に即日上書し、王氏一族の除去を要請した。すでに即位教書で王氏に対する寛大な措置を約束していた太祖がこれを退けると、以後三カ月間、台諫と刑曹は王氏除去の論陣を張る。二月には王和・琚兄弟と僧侶の釈能《ソンヌン》もまた金可行らと同様に不軌をはかったとして、台諫と刑曹は禍根を断つよう要請し、出仕を拒むことさえあった。その結果、王康も公州《コンジュ》（忠清南道公州市）に流配となり、三月に王和兄弟は水原《スウォン》（京畿道水原市）で鞫問のすえ誅殺、恭譲君三父子は杆城から三陟《サムチョク》に移された。衆議に押された太祖は、四月十五日に刑曹典書尹邦慶《ユンバンギョン》・大将軍呉蒙《オモン》乙《ウル》らを王氏が居住する江華島に派遣して渡し場から海中に投じさせ、十七日には中枢院副使鄭南晋《チョンナムジン》らを三陟に送って恭譲君とその二子を絞殺させた。そして二十日には刑曹典書孫興宗《ソンフンジョン》・僉節制使沈孝生《シムヒョセン》らが王氏一族を巨済の海中に沈め、太祖は王氏の末裔を捜索のうえみな誅殺するよう王命を下した。その間、太祖が言官に対して左遷や流配の措置をとっていないのは、王権の確立と政治的安定のために王氏一族の粛清はやむをえない、と考えたからであろう。

死を免れたのは、太祖と姻戚関係にある王瑀三父子のみであった。王瑀は一三九七年三月に死去して手厚く葬られ、翌九八年八月に遺子の王琱・琯も死去した。実録記事には「帰義君王琱及び其の弟琯、死す」とある(『太祖実録』巻一四、七年八月己巳)にすぎず、王琱兄弟の死因は明らかではない。のち、一四五二年に崇義殿《スンイジョン》と命名された麻田郡の高麗太祖廟には顕宗《ヒョンジョン》▲・文宗《ムンジョン》▲・元宗《ウォンジョン》▲がともに祀られ、公州で探し出された顕宗の末裔王循礼《ワンスルレ》が高麗王氏祭祀を継承する。この崇義殿には高麗の忠臣鄭夢周もあわせ祀られた。

易姓受命の主は必ず都邑を遷す

即位から約一カ月後の八月十三日、太祖は王都を開城から漢陽府《ハニャン》に遷《うつ》すよう都評議使司に指示した。その二日後には三司右僕射李恬を漢陽に派遣して宮室を修理させ、遷都準備に入った。漢陽はかつて一〇六七年に楊州《ヤンジュ》牧から南京《ナムギョン》に昇格し、翌六八年には宮闕を建設して国王巡駐京である三京(開京・西京・南

▼**顕宗**(在位一〇一〇〜三一)　高麗第八代国王。諱は詢。字は安世。太祖の孫。契丹(遼)の侵攻に対処して開京に羅城を築造し、高麗の地方郡県制度を確立した。諡号は元文。

▼**文宗**(在位一〇四六〜八三)　高麗第十一代国王。顕宗の三男。諱は緒、徽。字は燭幽。仏教を篤信し、儒学も奨励して文運の隆盛時代を築いた。諡号は仁孝。

▼**元宗**(在位一二五九〜七四)　高麗第二十四代国王。高宗《コジョン》の長男。諱は倎、禃。字は日新。元の世祖クビライに服属して江華から開京に還都した。諡号は順孝。元の諡号は忠敬。

京）のひとつとなったことがある。高麗末期には恭譲王も一三九〇年九月より翌九一年二月まで、農閑期に漢陽に遷都した。しかし、侍中裵克廉・趙浚らは漢陽遷都を急ぐべきではないと進言し、太祖もこれを承諾した。宮室と城郭の完成を待って官庁を配置し、それから遷都しても遅くはないという。

第二の遷都候補地として浮上したのが楊広道の鶏龍山《ケリョンサン》（忠清南道鶏龍市）である。王命により胎室証考使▲として楊広・慶尚・全羅三道を巡歴していた政堂文学権仲和が珍同県《チンドン》（忠清南道錦山郡珍山面）に吉地を得て翌九三年正月に帰京し、あわせて鶏龍山都邑図を献上したことに始まる。太祖は鶏龍山の形勢を視察すべく開城を出発し、途中、楊州の檜巌寺《フェアムサ》に立ち寄って王師自超《チャチョ》▲にも同行を願い出た。開城に生活基盤を置く功臣勢力は遷都に反対していたが、太祖は「古《いにしえ》より易姓受命の主は必ず都邑を遷す。今、我れ鶏龍を観るを急ぐは、吾が身に於いて親しく新都を定めんと欲せばなり」と主張し、鶏龍山への行幸を続行した（『太祖実録』巻三、二年二月丙子朔）。

太祖は扈従の成石璘・金湊《キムジュ》・李恬らとともに鶏龍山の山水と城郭の形勢、漕運の利便性、道路の険易など総合的に実地調査を行った。その結果、権仲和が

▼胎室証考使　太祖の胞衣《えな》を埋納する場所を調査するため地方に派遣された臨時官職。太祖の胎室は和寧（のち永興）にあったが、一三九三年正月に珍同県に移され、珍同県は珍州に昇格した。左は現在伝わる太祖の胞衣壺。

▼自超（一三二七～一四〇五）　僧侶。号は無学・渓月軒。十八歳で僧となり、一三五三年に元の大都に留学、指空《しくう》・慧勤《ヘグン》に学んで五六年に帰国した。朝鮮開創後に王師となって檜巌寺の住持を務めた。

▼書雲観　天文・暦数のほか風水地理を管掌した官庁で、長官の判事は正三品。のち一四六六年に観象監と改称された。

新都の宗廟・社稷・宮殿・市場の形勢図を進献すると、太祖は新都造営を決断した。三月にあらたな「京畿」管轄下の特別区域と下部行政単位も設定され、九月には慶尚・全羅道按廉使に新都築城の役徒を徴発するよう都評議使司に命じており、鶏龍山遷都はいよいよ現実味を帯びてきた。しかし、十二月になって京畿左右道都観察使河崙《ハユン》の上奏により新都の造営は中止に追い込まれる。鶏龍山は国土の南方に偏り、水陸の交通が不便であると問題視したのである。そこで太祖は、書雲観《しょうんかん》▲に架蔵されていた前朝高麗の風水学関連文書をすべて河崙に渡し、さらなる遷都候補地の検討を命じた。

第三の遷都候補地となったのが、毋岳《ムアク》（ソウル市西大門区の鞍山《アンサン》）の南側に開けたいまの新村洞《シンチョンドン》・延禧洞《ヨニドン》の一帯である。一三九四年二月に趙浚・権仲和ら十一人の高官が書雲観の官員とともに視察したところ、「毋岳の南は地狭く、遷都すべからず」との結論に達したが、河崙だけは「前朝の秘録及び中国通行の地理の法に皆な合う」と反論した（『太祖実録』巻五、三年二月癸巳）。しかし、都評議使司の協議結果は書雲観の所見も含めて不可となった。そのため太祖は六月に再度、遷都候補地の選定を命じ、七月には臨時官庁として陰陽刪定《さんてい》都監を設置して風水地理学に関する諸書を収集・選定させた。そして太祖はその選定結果を待つことなく、八月に母岳へ行幸する。太祖は地徳の衰えた古都開城から離れようと考えていた。

ところが、太祖が母岳に到着すると、判書雲観事尹莘達《ユンシンダル》らは遷都地として母岳を不適格と判断し、開城を第一、漢陽を第二の吉地と進言した。そのうえ、扈従した都評議使司の宰相らも母岳遷都に反対であった。たとえば鄭道伝は、母岳は国土の中央にあって漕運にも便利であるが、宮殿を中心に宗廟・社稷・市場を建設するにはやや狭いという。そもそも鄭道伝は風水地理説に立脚した遷都には否定的であった。成石璘も漕運の利便性は認めつつも遷都尚早論の立場にあり、高麗と同じく開城を本闕として近隣に国王巡駐の副都《ふくと》を定めるべきと考えた。鄭摠《チョンチョン》もまた母岳の地は狭隘で主山《しゅざん》（鎮山《ちんざん》ともいう）も低く、開城を王都とした高麗王氏が亡んだのは地徳とは関係ないといい、中枢院学士李稷《イジク》▲も遷都それ自体に慎重な立場を表明した。ただひとり河崙は国土の中央に位置する母岳の政治地理学的利点を強調して自説を繰り返したが、母岳遷都の決定打とはならなかった。

開城の南大門　開城では一三九一年から皇城と羅城のあいだに内城が築造され、一三九三年に完成したが、太祖はまもなく漢陽へ遷都した。

▼李稷（一三六二〜一四三一）　文臣。本貫は星州。李済《イジェ》の従兄弟。開国功臣三等。大司憲・吏曹判書・右議政などを歴任し、領議政に昇った。諡号は文景。著書に『亨斎詩集』がある。

易姓受命の主は必ず都邑を遷す

漢城概念図

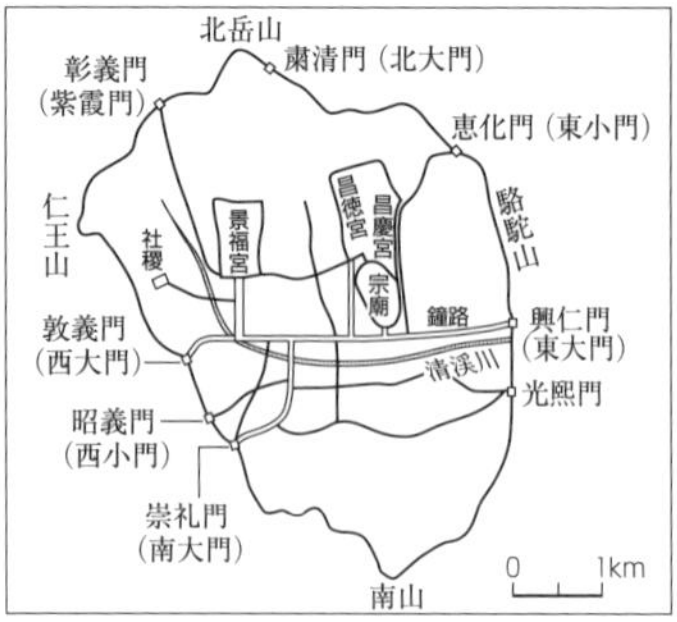

漢陽遷都

開城へ戻る途中、太祖は漢陽に立ち寄った。太祖は往時の南京宮闕跡地（景福宮北門の神武門《シンムムン》外と推定）の形勢をながめて書雲観員に意見を求めたところ、尹莘達は「我が国の境内、松京（開城）を上と為し、此の地（漢陽）を次と為す。恨むべき所は乾《いぬい》の方（北西の方角）低下し、水泉枯涸《ここ》するのみ」と回答した。しかし、太祖はむしろ喜んだ。開城でさえすべてを満たしているわけではない。漢陽の形勢は王都にふさわしく、漕運にも便利で各地からの距離も均等と考えた。王師自超は、この地は周囲が高く、中央は平坦で、城郭都市とするには最適であると助言し、都評議使司も賛同した。毋岳に固執する河崙のみ反対したが、衆寡敵せず、太祖は宗廟造営地を視察して漢陽を離れた（『太祖実録』巻六、三年八月庚辰）。宗廟造営地の視察は、漢陽が遷都先として最有力候補地となったことをうかがわせる。

さらに太祖は積城《チョクソン》の広実院《クァンシルォン》（京畿道楊州市南面広水院）の東方、かつて恭愍王が離宮を置いて「新京」と呼ばれた白岳《ペガク》（京畿道坡州市郡内面の白鶴山）、長湍の都羅山《トラサン》（京畿道坡州市長湍面）にも立ち寄ったが、いずれも不可と判断した。そ

▼**車天輅**（一五五六〜一六一五）　文臣・文人。本貫は延安。号は五山・蘭嵎・橘室・清妙居士。明に送る大部分の外交文書を担当し、その文名は明にも知られ、東方文士と称された。

して八月下旬に開城に戻ると、左政丞趙浚・右政丞金士衡以下、都評議使司の構成員は漢陽遷都の正式決定を要請し、太祖は裁可を下した。漢陽遷都は太祖主導のもとに実施されたが、都評議使司の建議を太祖が受諾するという、公式的な手続きを履行したのである。

太祖は九月に新都宮闕造成都監を設置して沈徳符《シンドクプ》・金湊のほか李恬・李稷を判事に任命したのち、判門下府事権仲和をはじめ鄭道伝・沈徳符・金湊・南誾・李稷らを漢陽に派遣して、宗廟・社稷・宮闕・市場・道路の区画を定めるよう命じた。これをうけて権仲和らは、かつての宮闕跡地が狭いことから、その南方を占いみた結果、北岳山《プガクサン》（白岳山ともいう）を主山として壬坐丙向（北坐南面）を取り、宗廟はその東数里（朝鮮一里は約四〇〇メートル）にある鷹峰《ウンボン》を主山としてやはり壬坐丙向とすべく、宮闕と宗廟の配置を製図のうえ太祖に献上した。ちなみに車天輅《チャチョルロ》▲の随筆集『五山説林草藁』（『大東野乗』巻五、所収）によれば、王師自超が仁王山《イヌアンサン》を主山として酉坐卯向（西坐東向）を取るべきと主張したのに対し、鄭道伝は古より帝王は南面して政治を執ったものだと反論したという。自超の宮闕東向説は却下されたのである。こうして鄭道伝らは開城に戻った。

ソウルの城郭

二カ月後の十月二十五日、各官庁の官員をそれぞれ二名ずつ開城にとどめ、また門下侍郎賛成事崔永沚・商議門下府事禹仁烈らを分都評議使司として、太祖は漢陽に遷都した。太祖が漢陽に到着したのは三日後の二十八日であり、かつての漢陽府の客舎(地方官の宿泊施設。ソウル市鍾路区敦義洞付近と推定)を臨時の離宮とした。当初、太祖は民力の疲弊を慮って着工命令を下さなかったが、十一月に都評議使司が宗廟と宮闕を造営して城郭を築くよう要請すると、工作局を設置して都城の造営事業に着手することを決定した。

翌一三九五年二月には宮闕造営のために徴発された各道の丁夫(成年男子)をいったん解放して僧徒に代え、八月にはあらためて京畿左道・京畿右道・忠清道より計一万五〇〇〇名の丁夫を徴発して宮闕造営を再開した。この一大事業に動員された僧徒は建築技能者集団であり、また都城の建設に際しては農繁期を避ける必要があった。その間、六月には漢陽府を漢城《ハンソン》府に昇格して旧来の官吏と民を京畿左道の見州《キョンジュ》(京畿道楊州市古邑洞)へ移住させ、見州を楊州郡と改めた。漢城府長官の判漢城府事(正二品)には成石璘が任命されている。いわば初代ソウル市長である。

漢城建設略年表

西暦	王暦	おもな事項
1394	太祖 3	8-24 漢陽府を新首都に決定し，都市計画に着手。9-9 権仲和・鄭道伝らが宗廟・社稷のほか宮闕・市場・道路の区画を選定。10-25 開城から漢陽に遷都。11-2 李成桂，宗廟・社稷の造営地を視察。11-3 工作局を設置。12-3 新首都造成の起工式を実施
1395	4	1-29 社稷壇の造営に着手。6-6 漢陽府を漢城府に昇格。6-13 開城府を開城留後司に降格。9- 宗廟・宮闕と光化門前の官庁街が落成。10-7 宮闕を景福宮と命名
1396	5	1-9 城壁と城門の建設工事に着手。4-19 漢城府の行政区域を五部に分け，52 坊制を実施。9-24 城壁の築造をほぼ完了
1397	6	4- 興仁門（東大門）が完成
1398	7	2-8 崇礼門（南大門）が完成
1399	定宗元	3-7 旧都開城へ還都。3-13 開城に到着し，寿昌宮に還御
1405	太宗 5	10-8 開城から漢城へ再遷都。10-19 離宮の昌徳宮が落成
1412	12	1-15 開川（人工下水道）工事を実施（～ 2-15） 2-10 鍾路を中心に市廛の行廊を整備（～ 1414 年 9 月）
1422	世宗 4	1-15 城壁の修築工事（～ 2-23）

〔出典〕吉田光男『近世ソウル都市社会研究』2009 年，p.20 を一部補訂，加筆

ソウルの宗廟（右）と社稷壇（左）

南大門（右）と東大門（左）

▼**『芝峰類説』**　一六一四年に李睟《イス》光《グァン》が著した一種の百科事典。古書から故実・奇事・逸文など三四三五項目を選び、二十五部門に分けて編纂した。一六三四年に息子の李聖求・敏求らによって刊行された。二十巻十冊。

景福宮の勤政殿

宗廟と宮闕の造営事業は九月に完了し、宮闕南門の光化門《クァンファムン》前には義興三軍府・六曹・司憲府などが左右に立ち並ぶ官庁街が落成した。太祖は鄭道伝に宮闕と諸殿を命名させたところ、宮闕の名称を景福宮《キョンボックン》とし、国王の私的空間である燕寝を康寧殿《カンニョンジョン》、国王が重臣と政務を議論する報平庁(便殿)を思政殿《サジョンジョン》、朝会など各種儀礼を執り行う正殿を勤政殿《クンジョンジョン》と決定した。翌九六年四月に漢城府の行政区画は東部十二坊、南部十一坊、西部十一坊、北部十坊、中部八坊の五部五十二坊に整理されるが、その坊名を名づけたのも鄭道伝であったという(『芝峰類説』▲巻一九、宮室部、城郭)。

④―失意の晩年

第一次王子の乱

顕妃《ヒョンビ》所生の李芳碩《イバンソク》が王世子に決定して以来、節妃《チョルビ》所生の李芳遠《イバンウォン》は不満を抱いていたであろう。すでに政権と兵権を手中に収めていた開国功臣鄭道伝《チョンドジョン》と、王位継承戦から脱落して政治の中枢から疎外されていた芳遠は、対照的な構図をなす。やがて顕妃が一三九六年八月に死去すると、城内の西部聚賢坊《チュイヒョンバン》(ソウル市中区貞洞)に手厚く葬られた。陵墓は貞陵《チョンヌン》▲と命名され、顕妃の尊号も神徳《シンドク》王后に決まった。顕妃の死去は、芳遠がやがて軍事行動に出る端緒を開いたのかも知れない。

そのうえ、当時は表箋《ひょうせん》問題▲を契機に対明関係が悪化していた。これを打開すべく、翌九七年六月に判義興三軍府事鄭道伝・宜城君南誾《ナムウン》・知中枢院事沈孝生《シムヒョセン》(芳碩の義父)らによる遼東攻撃の計画が表面化すると、左政丞趙浚《チョジュン》・右政丞金《キム》士衡《サヒョン》らはこの強攻策に反発し、対外政策をめぐって開国功臣のあいだにも不協和音が生じるようになる。鄭道伝の究極的な目的は、武将や諸王子がもつ私兵

▼貞陵　太祖の死後、陵墓が都城内にあるのは古制に違うとして、のち一四〇九年に都城の東北にある恵化門(弘化門。俗称、東小門)外に遷葬された。しかし、神徳王后康氏の神位は宗廟に配享されず、陵墓の存在すら忘れ去られるようになり、一六六九年に礼学の大家宋時烈《ソンシヨル》が陵墓の修復と宗廟への配享を建議するまで不遇であった。

▼表箋問題　賀正使が贈った表箋に軽薄戯侮なる文辞ありとして、一三九六年二月に撰文責任者である鄭道伝の召喚と謝罪を明が朝鮮に要求した外交問題。鄭道伝はこれに対抗して遼東攻撃を計画し、太祖も呼応して兵力増強をはかった。この問題は洪武帝による「文字の獄」の一環として発生したと考えられる。

鄭道伝旧宅跡地の標石（ソウル市鍾路区寿松洞の鍾路区庁前）

を廃止して国軍に吸収し、軍事力を強化することにあった。節制使などの肩書きで兵力を分掌していた宗親と、宗親と結びついた一部の功臣勢力が不満と危惧を抱いたのはいうまでもない。

一三九八年五月に王世子芳碩は男子を授かり、王孫の誕生に王宮は祝賀ムードにつつまれたが、太祖は七月末頃から病床に伏すことが多くなった。そして八月二十六日の夜、第一次王子の乱が発生した。鄭道伝・南誾・沈孝生らが南誾の妾の家で節妃所生の諸王子を除去しようと陰謀をめぐらしたとして、李芳遠は知安山《アンサン》郡事李叔蕃《イスクボン》▲らの私兵を動員して彼らを襲撃し、殺害したのである。この政変に関わったのは、節妃所生の王子（芳果《バングァ》・芳毅《バンイ》・芳幹《バンガン》）と宗親（李和《イファ》・李《イ》良祐《ヤンウ》・李天祐《イチョヌ》）、李芳遠の姻戚（李伯卿《イベクキョン》・沈悰《シムジョン》・李居易《イゴイ》・閔無咎《ミンムグ》・閔無疾《ミンムジル》・趙璞《チョバク》）、李芳遠系の武将（趙英茂《チョヨンム》・馬天牧《マチョンモク》・辛克礼《シングンネ》・徐益《ソイク》・文彬《ムンビン》・沈亀齢《シムグリョン》）らであった。朝鮮政府の公式見解によれば、「奉化伯鄭道伝・宜城君南誾及び富城君沈孝生等、諸王子を害せんと謀るも、克《か》たずして誅に伏す」という（『太祖実録』巻一四、七年八月己巳）が、陰謀は鄭道伝側ではなく李芳遠側で起こり、芳碩を輔導していた鄭道伝らにこの乱の責任を転嫁したものと考えられている。李芳遠が都《と》

▼**李叔蕃**（一三七三～一四四〇）　文臣。本貫は安城。第一次王子の乱で李芳遠とともに私兵を出動させて景福宮を包囲し、第二次王子の乱でもこれを鎮圧して太宗（李芳遠）の寵愛を受けた。

評議使司《ひょうぎしし》を招集させると、翌日、趙浚・金士衡らは百官を率いて王世子の改封を太祖に要請し、芳碩の位を廃して次男の芳果を王世子とした。李芳遠を王位継承者とすべきことは衆目の一致するところであったが、李芳遠はこれを固辞したという。この政変により、李済《イジェ》・張至和《チャンジファ》（芳碩の姻戚）・李懃《イグン》（李琳《イイム》の甥）らの開国功臣のみならず、李芳遠にとっては異母兄弟の芳蕃《パンボン》と芳碩も殺害された。この第一次王子の乱を「芳碩の乱」あるいは「鄭道伝の乱」ともいう。朝鮮王朝開創後、太祖李成桂と鄭道伝を中心としていた権力構造はここに崩壊したのである。この日、高麗王氏末裔の王珇《ワンジョ》・琯《クァン》兄弟がそろって死去しているのは、彼らが芳蕃と姻戚関係にあったため、死に追いやられたのであろう。

九月五日、太祖が王位の証である国璽を王世子芳果に伝えると、定宗《チョンジョン》は勤政殿にて即位儀礼に臨み、百官を率いて太祖の尊号を「上王」と奉った。十二日に定宗は生母の節妃が眠る斉陵《チェルン》（開城市開豊郡大蓮里）に奉寧侯李福根《イボックン》（李芳雨の長男。宗法制度からすれば王世孫）を派遣して即位を報告し、のち節妃を神懿《シニ》王后と追尊した。もちろん、継母の陵墓貞陵に報告する必要はなかった。十七日に定宗は李芳遠とともに功臣の等級を議論した結果、十月に李和ら十二名を定社一等功臣に、李良祐ら十七名を定社二等功臣として褒賞の恩典を施し、この定社功臣二十九名を率いて会盟祭《かいめいさい》を執り行った。定社功臣を選定したのは事実上、李芳遠であろう。後日、芳遠とともに芳毅と芳幹の三名が開国功臣に追録されたのは、かつて芳遠を開国功臣から排除した太祖に対する不満を示唆する。

第二次王子の乱

一三九九年二月に定宗は旧都開城《ケソン》へ還都する意志を表明し、三月に新都漢城《ハンソン》を離れて開城留後司▲の寿昌宮《スチャングン》に移った。景福宮《キョンボックン》の後苑（王室庭園）では鳥が群れをなして鳴き、暴風雨や流星の出現など天災地変も相次いだため、書雲観《しょううんかん》が「避方」（災いを避けるために居所を移すこと）を上奏したことによる。さいわい開城にはなお宮闕の寿昌宮があり、群臣の屋敷も備わっていたから好都合であった。上王太祖も開城へ同行したが、「予、漢陽《ハニャン》に遷都して妃及び子を喪《うしな》う。今日、還都するは実に都人に愧《はじ》有り」と語った（『定宗実録』巻一、元年三月甲申条）ように、忸怩たるものがあった。

ところが、開城還都から一年も経たない一四〇〇年正月三十日に第二次王子

▼**開城留後司**　漢陽遷都にともない、開城府は一三九五年六月に開城留後司に格下げされた。中国の唐・宋代に陪都《ばいと》（副都）を設置して留守制を敷いたように、朝鮮でも旧都開城を重視してその統治にあたっていた。

定社功臣一覧

	姓名	区分	当時の官職	開国功臣	李氏王室との関係
一等功臣	李　和	宗親	義安伯	一等功臣	太祖の庶弟
	李芳毅	〃	益安公		太祖の三男
	李芳幹	〃	懐安公		太祖の四男
	李芳遠	〃	靖安君		太祖の五男
	李伯卿	姻戚	上党侯		慶慎公主（太祖の長女）の夫
	趙　浚	〃	左政丞	一等功臣	息子の大臨は慶貞公主(太宗の次女)の夫
	金士衡	文臣	右政丞	一等功臣	
	李　茂	〃	参賛門下府事		
	趙　璞	〃	参賛門下府事	一等功臣	息子の慎言は芳幹の娘婿となる
	河　崙	〃	政堂文学		
	李居易	姻戚	参賛門下府事		李伯卿の父
	趙英茂	武臣	参知門下府事	三等功臣	
二等功臣	李良祐	宗親	寧安侯		太祖の庶兄李元桂の長男
	沈　悰	姻戚	青原侯		慶善公主 (太祖の次女) の夫
	李福根	宗親	奉寧侯		太祖の長男芳雨の長男
	李之蘭	武臣	門下侍郎賛成事	一等功臣	
	張思吉	〃	参賛門下府事	一等功臣	
	趙　温	文臣	商議門下府事	二等功臣	
	金　輅	〃	判中枢院事	三等功臣	
	朴　苞	〃	商議中枢院事	二等功臣	
	鄭　擢	〃	前中枢院学士	一等功臣	
	李天祐	宗親	同知中枢院事		太祖の庶兄李元桂の次男
	張思靖	武臣	商議中枢院事	三等功臣	
	張　湛	姻戚	同知中枢院事	二等功臣	太祖の庶兄李元桂の娘婿
	張　哲	文臣	中枢院副使		
	李叔蕃	〃	右副承旨		
	辛克礼	武臣	上将軍		
	閔無咎	姻戚	大将軍		太宗の義父閔霽の長男
	閔無疾	〃	戸曹議郎		太宗の義父閔霽の次男

〔出典〕鄭杜熙『朝鮮初期政治支配勢力研究』1983年，p.31を簡略化のうえ一部補訂。

第一次王子の乱で殺害された李済（開国功臣）

李天祐（定社・佐命功臣）

の乱が発生した。今度は神懿王后(節妃)所生の王子のあいだで骨肉相食む事態となった。太祖四男の芳幹が王位継承をめぐって五男の芳遠と武力衝突を起こしたのである。芳幹に挙兵を扇動したのは開国二等功臣朴苞《パクポ》であった。朴苞は第一次王子の乱で芳遠を支援したにもかかわらず、その評価が定社二等功臣にとどまり、芳遠に不満を抱いていた。白昼に開城で繰り広げられた市街戦は芳遠側の勝利に終わった。骨肉の情から芳幹は極刑を免れて兎山《トサン》(黄海北道兎山郡)に流配となり、朴苞は青海《チョンヘ》(咸鏡南道北青郡)に流配後、誅殺された。この第二次王子の乱を「芳幹の乱」あるいは「朴苞の乱」ともいう。

この事件後、まもなく二月一日に参賛門下府事河崙《ハユン》らの上奏により、定宗は芳遠を王世子とした。実録記事に「弟の靖安公諱(芳遠)を冊立して王世子と為し、軍国の重事を句当《こうとう》せしむ」とある(『定宗実録』巻三、二年二月己亥)のは、定宗が事実上、軍事と国政の実権を芳遠に手渡したことを意味する。そこで芳遠は、これまで宗親と功臣に許可されてきた私兵を廃止して国軍とした。私兵は二度にわたる王子の乱で利用されたため、兵権を掌握するには必須の改革であった。さらに都評議使司を議政府《ぎせいふ》に改編し、中枢院を義興三軍府《ぎこうさんぐんふ》と承政院《しょうせいいん》に

▼**都評議使司の機能縮小**　のち一四〇一年七月の官制改革により門下府を廃止して議政府に統合し、三司

を司平府（のち戸曹に移管）に、義興三軍府と承政院をあわせて承枢府に改め、門下府の郎舎を司諫院と改めて独立させた。一四〇五年正月に承枢府は廃止となってその業務は兵曹に移管され、王命を取り次ぐ承政院（長官は都承旨）が独立機構として発足した。

「啓運神武太上王之宝」印

▼興天寺　太祖継妃の神徳王后康氏を葬った貞陵の東に一三九七年に造営された願刹で、漢城の西部皇華坊にあった。

二分して発展解消させたうえ、義興三軍府に勤務する者は議政府との合議に参席させないようにした。明らかに政府と軍府の分離であって、従前の都評議使司の機能を縮小▲させたことになる。権力構造の再編成は、芳遠がいずれ玉座に即いて王権を強化するための布石であった。七月に定宗は王世子芳遠と百官を率いて徳寿宮《トクスグン》に住まう太祖に朝謁し、「啓運神武太上王」の尊号を奉った。

十一月十一日、定宗は王位を芳遠に禅譲し、二日後の十三日に芳遠は寿昌宮で即位儀礼に臨んだ。第三代朝鮮国王太宗《テジョン》の誕生である。翌年の一四〇一年正月に李佇《イジョ》（伯卿）・李居易・河崙ら九名を佐命一等功臣、李来《イネ》・李和・李天祐の三名を二等功臣、成石璘《ソンソンニン》・李淑《イスク》（李和の次男）・李之蘭《イジラン》ら十二名を三等功臣、趙璞・趙温・権近・李稷《イジク》ら二十二名を四等功臣とし、計四十六名の佐命功臣（七七頁参照）に恩典が施された。第二次王子の乱に対する褒賞であって、二月に太宗は開城成均館前の広場で佐命功臣と会盟し、成均館で宴を催した。

一方、「太上王」となった太祖は開城を離れて仏門に帰依するようになる。閏三月に太祖は漢城の興天寺《フンチョンサ》▲で神徳王后（顕妃）のために仏事を設けたのち、四月に安辺《アンビョン》（咸鏡南道安辺郡）に向かい、久留の意向を伝えた。太祖は東北面《トンブンミョン》の咸《ハム》州《ジュ》で桓祖《ファンジョ》の忌祭（法事）を済ませてから戻るつもりだという。太宗はただちに承政院都承旨朴錫命《パクソンミョン》を、また太祖の信任が厚かった成石璘を安辺に派遣すると、太祖は四月下旬に開城へ戻った。八月に太祖はまたも東北面に向かおうとしたが、朴錫命は明使の入京が間近いことを理由に引き留めた。明の建文帝▲より太宗を正式に「朝鮮国王」として承認する誥命《こうめい》と金印が六月に下賜されたばかりであり、太祖としても礼を失《しっ》するわけにはいかなかったからである。

十一月に太祖は楊州の逍遥山《ソヨサン》（京畿道東豆川市逍遥洞）に寺刹（のちの逍遙寺）の造営を考えるようになる。そこで太宗は翌〇二年正月に宗親のほか成石璘らとともに逍遥山に出向き、帰京を願い出ると、太祖は「予の仏を好むは他に非ず、只だ両児（李芳蕃と芳碩）・一壻（李済）の為《た》めのみ」と語った（『太宗実録』巻三、二年正月辛亥）。もはや太宗は太祖を説得することができず、父と子の葛藤はその後もつづいた。

▼建文帝（在位一三九八〜一四〇二）明の第二代皇帝。諱は允炆。太祖洪武帝の孫。諸王の抑圧策を強行したため、一三九九年に燕王（のちの永楽帝）による靖難の役を招いた。諡号は恵皇帝。

趙思義の乱

一四〇二年十一月一日、太祖は太宗の反対を押し切り、祖宗の陵墓に参拝す

佐命功臣一覧

1等	2等	3等	4等
李佇，李居易，河崙，李茂，趙英茂，李叔蕃，閔無咎，辛克礼，閔無疾	李来，李和，李天祐	成石璘，李淑，李之蘭，黄居正，尹柢，金英烈，尹坤，朴訔，朴錫命，馬天牧，趙希閔，柳沂	趙璞，趙温，権近，李稷，柳亮，趙卿，金承霔，徐益，洪恕，尹子当，李原，李升商，金鼎卿，徐愈，李従茂，李膺，沈亀齢，延嗣宗，韓珪，金宇，文彬，尹穆，宋居信

〔出典〕鄭杜熙『朝鮮初期政治支配勢力研究』1983年，pp.41-42を簡略化。下線は追録された人物。

べく東北面に向かった。ところが、その東北面で神徳王后の親族である安辺府使趙思義《チョサイ》らが神徳王后の仇討ちと称して挙兵した、との急報が同月五日に開城に届いた。これを「趙思義の乱」という。趙思義は第一次王子の乱の直後に巡軍獄に囚われており、神徳王后の勢力とは少なからぬ関係があったであろう。この事件直前の十一月四日に太祖の御駕は金化《キムファ》県(江原道鉄原郡金化邑)に宿営していた。この街道を北上すると安辺、そして咸州にたどりつく。

趙思義の乱は太祖が計画して主導した、というのが定説である。反乱軍の規模は六～七〇〇〇名に達しており、東北面の女真族が合流する可能性もあったこと、その拠点も安辺を中心に咸州・永興《ヨンフン》など東北面の全域に分布していること、かつて太祖が私兵として率いていた東北面加別赤《かべつせき》(家別抄《かべつしょう》)が主力部隊であったことなどから判断すれば、太祖の介入を想定せざるをえない。王朝開創後、太宗は李氏一族に代々伝わる東北面加別赤五〇〇余戸を太祖から特別に賜ったが、のちに太宗が全羅道《チョルラド》節制使となり、李芳蕃が東北面を任されると、太宗は東北面加別赤を李芳蕃に譲り渡したという。おそらく、倭寇に備えるべく楊《ヤン》広《グァン》・慶尚《キョンサン》・全羅の三道に節制使が派遣された一三九三年三月のことを指すとみてよい。そして李芳蕃の死後、この東北面加別赤が趙思義の挙兵にあたり太祖側に荷担したのであろう。親太祖勢力が太宗政権に反撃を加えた事件であったといっても過言ではない。

　東北面に派遣された上護軍朴淳《パクスン》が十一月八日に咸州の軍営で斬殺されると、太宗は咸州へ向かう太祖のもとに王師自超《チャチョ》を遣わして帰京を懇請させる一方、東北面都体察使李亀鉄《イグチョル》・東北面江原忠清慶尚全羅道都統使趙英茂・安州道都節制使李天祐・東北面江原道都按撫使金英烈《キムヨンニョル》らの精鋭部隊を東北面に投入して反乱の鎮圧にあたらせた。二十日に李天祐の部隊が西北面《ソブンミョン》の古孟州《コメンジュ》（平安南道安州市龍渓里）で敗れると、太宗は翌日みずから金郊駅《クムギョ》（黄海北道金川郡月岩里）の北郊に出陣したが、反乱軍から逃亡者が続出しているとの報告に接するや、二十六日に開城へ引き返した。趙思義の軍勢は二十七日夜に安州《アンジュ》（平安南道安州市）で壊滅し、古孟州へ向かっていた太祖も平壌府《ピョンヤン》を経て十二月八日に開城に戻ることになる。金英烈の兵に取り囲まれた趙思義らは開城に押送され、誅殺された。

　この事件後、東北面に向かう太祖に扈従した承寧府▲の堂上官鄭龍寿《チョンヨンス》（開国二

▼承寧府　王位を退いた太祖の供御に関する業務を担当した官庁で、一四〇〇年六月に設置された。長官は判事、次官は尹。

等功臣）と申孝昌《シンヒョチャン》（開国原従功臣）が趙思義に与《くみ》したとして最高司法機関の巡衛府（のち義禁府）に下され、遠地に追放された。東北面都巡問使朴蔓《パクマン》もやはり趙思義に同調し、兵士の調達にあたったとして合浦に杖流となる。太宗政権に対する大逆罪と判断されても不思議ではなく、実際に司諫院は朴蔓を極刑に処すよう要求したが、太宗は許可しなかった。趙思義の背後に太祖がいたとすれば、事件の関係者が比較的寛大な処分で済んだことも納得がいく。もっとも、趙思義が府使を務めていた安辺大都護府は県に、その党与金綣《キムグォン》が少尹を務めた永興府は郡に降格となった。神徳王后の外郷（外祖父姜誾《カンウン》の本貫）である晋陽《チニャン》大都護府（慶尚南道晋州市）は晋州《チンジュ》牧に、内郷（父康允成《カンユンソン》の本貫）の谷山《コクサン》府（黄海北道谷山郡）は郡に降格となる。東北面加別赤も咸州を中心にその大半を国家に帰属させ、のち一四一一年には全廃して一般の民戸に編入させた。

このように、太宗が即位すると、太祖は逍遥山や咸州（咸興）にとどまって開城に戻ろうとしなかった。のちに李源益《イウォニク》▲が「上（太宗）、使を遣して問安せしめ、冠蓋《かんがい》相い望む。太上王（太祖）、見《まみ》ゆれば必ず之を殺す。後に、往きて還《かえ》らざるを称して咸興差使員と曰う」（『東史約』巻一〇、本朝紀、壬午二年）と記したよう

▼**李源益**（一七九二〜一八五四）　文臣。本貫は龍仁。文名をはせ、漢城右尹・承旨などを歴任して刑曹参判に昇ったが、寵愛を受けた憲宗《ホンジョン》が死去すると、故郷の扶余に隠居した。著書に『東史約』『二礼通考』がある。

高麗王宮(満月台)**址と松嶽山**

に、梨のつぶてを意味する「咸興差使《ハムンチャサ》」という故事が生まれた。

漢城再遷都

趙思義の乱の終息後、太上王太祖を開城に呼び戻した太宗にとって、残る課題は漢城再遷都であった。太宗即位後まもなく太祖は、「汝が兄(定宗)、漢陽に還り、以て我が心を慰めんと欲す。其の志、已《すで》に定まれり。汝、能く予が心を体するや」と釘をさしていた(『定宗実録』巻六、二年十一月)。一四〇三年正月に司憲府《しけんふ》は宗廟と社稷を漢城から開城に移建するよう要請したが、太宗は許可していない。宗廟を開城に移せば、漢城を王都と定めて宗廟を置いた太祖の意向に反する。二月には議政府・司平府・承枢府の三府が開城を王都と定め、高麗時代の乾徳殿《コンドクチョン》▲址に宮闕を造営すべきことを議決しており、多くの官僚は開城を離れることに反対していた。それゆえ、太宗は太祖と官僚の相反する意見の調整を模索するほかなかった。ただ、太宗が四月に明の永楽帝《えいらくてい》▲よりあらためて誥命と金印を賜ったことは、王権の正統性を誇示し、国政を運営するには好都合であった。

▼乾徳殿　高麗開京の宮闕である満月台にあった殿閣のひとつ。第一正殿の会慶殿に次ぐ第二正殿というべき存在で、朝会や百官の賀礼・賜宴のほか正式な視朝の場として利用された。だが、開京の宮闕は紅巾軍の侵攻によって一三六二年に灰燼に帰した。

翌〇四年七月に太宗は三府のみならず宗親のほか勲臣・耆老《きろう》とともに再度、王都の件を議論するよう議政府に命じた。このとき元老格の左政丞趙浚が「漢京（漢城）は太祖創建の都、松京（開城）は人民安業の地にして両《ふた》つながら廃すべからざるを以て、松都（開城）に別に宗廟を立てて主（位牌）を作り、四時の祀りを両処に皆な行い、以て周の鎬京《こうけい》・洛邑《らくゆう》の制に法るべし」と上奏したのは、太宗の意を汲んでのことであろう。漢城と開城をいずれも王都とする、いわば両京制▲である。官僚の根強い開城王都論を覆すにはいたらなかったが、太宗は「漢京は太祖創る所の地、且つ宗廟在る所にして、或いは往き、或いは来《きた》る。両都を廃する無かれ。自今、更に議有る無かれ」と一方的に王命を下し、以後の議論を禁じた（『太宗実録』巻八、四年七月己酉）。旧都開城を否定するものではないが、太祖が健在のうちに新都漢城を放棄することもできなかった。

二カ月後の九月一日に太宗は明年冬に漢城に戻ることを決意し、李稷・辛克礼を漢京離宮造成提調に任命して漢城に残した宮室の修理を命じた。離宮の建設予定地は高麗時代に郷校《きょうこう》（地方の中高等教育機関）があった漢城の郷校洞《ヒャンギョドン》（ソウル市鍾路区楽園洞）の東側、つまり今の昌徳宮《チャンドックン》である。太宗に決断を迫ったのは

▼永楽帝（在位一四〇二〜二四）　明の第三代皇帝。太祖洪武帝の第四子。諱は棣。靖難の役で建文帝に代わって帝位に即き、一四二〇年に北平（北京）に遷都した。諡号は文皇帝。廟号は太宗（のち成祖）。

▼両京制　かつて西周（前十一世紀〜前七七〇年）の第二代王成王は鎬京（陝西省西安市の南西）を西都とし、洛邑（河南省洛陽市の西郊）を東都としたという。

やはり太祖であった。当日の実録記事をみてみよう。

太上王、知中事朴錫命を召し、旨を上に伝えて曰く、「始め予、漢陽に遷都す。遷徙《せんし》（移転）の煩い、予、豈に知らざらん。然れども松都は王氏の旧都、仍《な》お居すべからざるなり。今、王復《ま》た此《ここ》に都するは、動《やや》もすれば始祖の意に循《したが》うに非ず」と。上、旨を議政府に下して曰く、「漢城は我が太上王創建の地にして、社稷・宗廟焉《ここ》に在り。久曠《きゅうこう》（長らくうち捨てておく）して居さざるは、殆んど継志《けいし》の孝に非ず。明年冬、予、当《まさ》に徙居《しきょ》（転居）すべし。宜《よろ》しく宮室を修葺《しゅうしゅう》せしめよ」と。（『太宗実録』巻八、四年九月己亥朔）

漢城再遷都は太祖の強い意向であり、太祖との関係改善をはかりたい太宗としては、もはや開城にとどまることはできなかった。祖宗の志を引き継ぐことこそ孝というものである。ただ、九月中旬に河崙がまたもや毋岳《ムアク》遷都を建議したため、王都の候補地は漢城・開城そして毋岳の三カ所となってしまう。そこで太宗は趙浚・河崙・権近および宗親の李天祐らをしたがえて漢城西郊の毋岳へ行幸し、宗廟にて吉凶を最終的に判断した結果、漢城を王都とすることに決定した。故事にならって擲銭《てきせん》（三枚の銭を投げて吉凶を占うこと）を行ったところ、

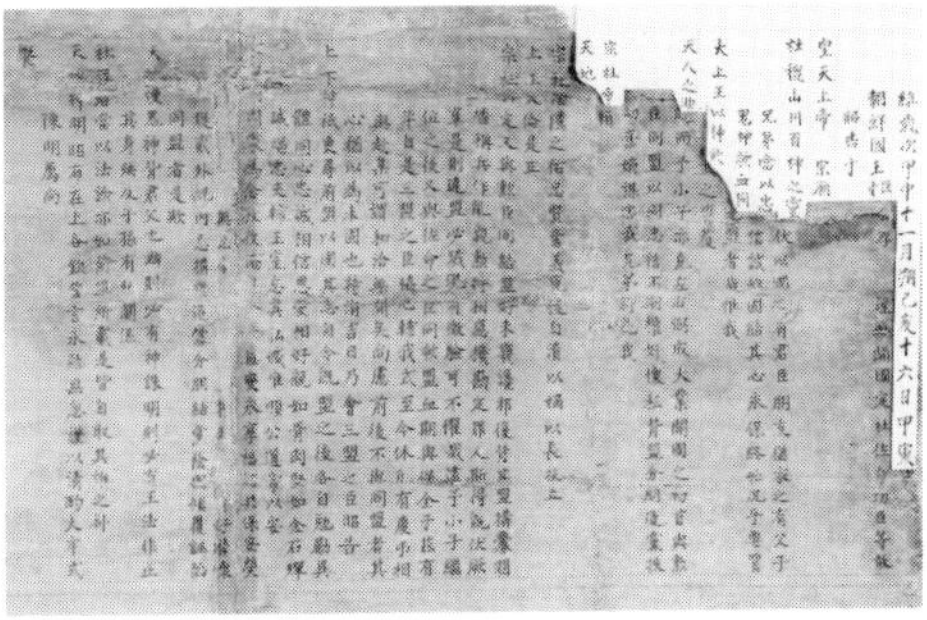

三功臣会盟録（部分）

「新都は二吉一凶、松京・毋岳は皆な二凶一吉」であったという（『太宗実録』巻八、四年十月甲戌）。洪順敏《ホンスンミン》によれば、宗廟の密室内で行われたこの擲銭の結果は偶然ではなく、太宗と数名の側近が事前に緻密な計画を立てたうえで口裏をあわせたものと考えられている。

開城に還御した太宗は十月十一日に太祖の誕生日を祝うと、これ以上の親孝行はない、と太祖は漢城再遷都を喜んだ。太祖と太宗の微妙な関係は劇的に改善されたのである。翌月の十一月十六日に開国・定社・佐命の三功臣六十六名がはじめて会盟し、たがいに協力を誓ったのも象徴的である。

離宮昌徳宮の造営と太祖の死

一四〇五年八月に太宗は議政府に再度、漢城再遷都の可否を議論させると、議政府は昨今の飢饉を理由に不可と回答した。しかし、すでに漢城では離宮も完成に近づいており、太宗は計画どおり十月に遷都して「本宮」の景福宮には居住しないことを明言した。さらに太宗は「漢京は是《こ》れ父王（太祖）開創の地なり。歳己卯（一三九九年）、趙璞、上王（定宗）に請いて遽《にわ》かに松都に来り、今に

仁政殿の玉座

至るも未だ還らず。罪、璞に在り」と側近に語った（『太宗実録』巻一〇、五年八月丙寅）ように、第一次王子の乱後に開城へ還都した責任を相婿《あいむこ》の趙璞に転嫁していた。そもそも王子の乱の「首謀者」が太宗自身であったことは、すでに述べたとおりである。太宗は後日、政府の高官を前にして「若《も》し今年遷《うつ》らず、明年も又た遷らず、因循《いんじゅん》（ぐずぐずしてためらう）して遷らざれば、則《すなわ》ち松都の人家は日《ひび》に益《ますます》稠密《ちゅうみつ》（多く集まる）し、漢邑（漢城）は日に益凋廃《ちょうはい》（衰えすたれる）せん。将《まさ》に之を如何《いかん》せんとす」とも語っており、再遷都を延期すれば、開城と漢城の格差がますます広がることを憂慮していた（同書巻一〇、五年八月壬申）。

こうして既定路線となった漢城再遷都は予定どおりに進行し、まず上王定宗が九月中旬に漢城へと向かった。ついで十月八日に開城を出発した太宗は十一日に漢城に到着し、離宮が完成するまで東部蓮花坊《ヨナバン》にあった故領議政府事（議政府の長官。正一品）趙浚（六月死去）の屋敷に入った。離宮は十月十九日に竣工し、二十五日に昌徳宮と命名された。正殿の仁政殿《インジョンジョン》をはじめとするその規模は総二七八間であり、総七五五間の景福宮と比較すると三分の一程度であった。ここに漢城再遷都と離宮昌徳宮の第一次造営事業は完了し、漢城は名実ともに

▼徳寿宮　のち開城の徳寿宮跡地には穆清殿が設置され、太祖の肖像を奉安した。

太祖健元陵(手前は丁字閣)

朝鮮王朝の王都となった。以後、太宗は景福宮ではなく昌徳宮で起居しており、太宗在位中は事実上、昌徳宮が正宮としての役割を果たすことになる。

太上王太祖が十一月八日に開城から漢城に到着すると、太宗は李芳蕃の旧宅を宮室とするよう気遣ったが、太祖は承諾せず、別途に御座所を造営する運びとなった。翌一四〇六年四月には昌徳宮内に広延楼《クワンヨルル》が増設され、太祖の御座所として徳寿宮▲が開城から漢城に移築された。ついで太祖は一四〇七年正月に漢城の東部燕喜坊《ヨニバン》に楼閣を建て、この新殿を喜捨して興徳寺《フンドクサ》としている。のち、太祖は一四〇八年正月に急に風疾(中風)で倒れて以来、病状は思わしくなく、同年五月二十四日、昌徳宮広延楼下の別殿にて死去した。

朝鮮政府は太祖の亡骸を葬る陵墓の選定を急ぎ、当初は漢城の西北にある京畿坡州《パジュ》が候補地となったが、領議政府事河崙は風水地理上の観点からこれを却下した。結局、太宗の命をうけた河崙の意見にしたがって、六月に太祖の陵墓は漢城の東方にある楊州の倹巌山《コマムサン》麓(京畿道九里市仁倉洞)に決定した。王陵の築造にあたっては忠清道《チュンチョンド》・豊海道《プンヘド》・江原道《カンウォンド》から計六〇〇〇名の丁夫が動員された。故事にならって陵墓に石室を造ることとなり、八月下旬には山陵の斬草開土祭（地鎮祭）が執り行われている。そして太祖の霊柩は九月七日に王都漢城の興仁門《フンインムン》（東大門）から城外へ運び出され、九月九日に楊州の健元陵《コヌォンヌン》に葬られた。九月二十四日には明使が弔問のために漢城を訪れ、永楽帝より諡号「康献」を賜っている。

太祖の死後、太宗は貞陵の廃陵措置を断行し、一四〇九年二月に都城外の沙《サ》乙閑《ウラン》の麓（沙河里《サハリ》ともいう）に遷葬した（ソウル市城北区貞陵洞）。そもそも、陵墓が都城内にあるのは古制に違い、明使の宿泊施設である太平館《テピョングァン》に近いことも問題視されていた。しかし、太宗がとった措置は尋常ではない。丁字閣▲の木材は太平館の楼閣を新築する際に再利用され、墓前の石造物は埋められ、屏風石（護石）はのちに広通橋《クァントンギョ》▲の石材として使用された。のみならず、太祖の三年喪を終えると、一四一〇年七月に太祖と神懿王后の位牌は宗廟に奉安されたが、神徳王后の位牌を宗廟に祀ることはなかった。太宗は継母の康《カン》氏を李氏王室の王后として認めようとはしなかったのである。

▼丁字閣　王陵の封墳の前に「丁」字型で造った木造建築で、命日にはここで祭祀を執り行った。

▼広通橋　ソウル市の鍾路と乙支路のあいだの清渓川に架けられ、御駕や使臣の行列が通った都城最大の石橋。広橋ともいう。

広通橋に残る貞陵の屏風石（ソウル市鍾路区瑞麟洞）

李成桂とその時代

西暦	王暦	齢	おもな事項
1335	忠粛王復位 4	1	***10-11*** 永興の私邸（父桓祖の潜邸）に生まれる
1356	恭愍王 5	22	父李子春（桓祖）とともに恭愍王に謁見し，仕官する
1361	10	27	***9-*** 金吾衛上将軍・東北面上万戸となる
1362	11	28	***1-18*** 親兵を率い，紅巾軍より開京を奪還する
1364	13	30	***2-2*** 密直副使となり端誠亮節翊戴功臣に録勲
1369	18	35	***12-9*** 東北面元帥・知門下省事となる
1371	20	37	***7-3*** 西江都指揮使となり倭寇を防ぐ。***7-16*** 知門下府事となる
1372	21	38	***6-24*** 和寧府尹・東北面元帥となり倭寇を防ぐ
1377	禑王 3	43	***3-*** 倭寇が江華島に侵入すると，西江副元帥となり参戦
1380	6	46	***8-*** 楊広全羅慶尚道都巡察使となり，荒山で倭寇を撃破
1382	8	48	***7-*** 門下賛成事より東北面都指揮使となる
1383	9	49	***8-*** 李之蘭とともに女真人胡抜都の軍を吉州で大破
1384	10	50	***12-*** 東北面都元帥・門下賛成事となる
1387	13	53	この年冬，李穡に桓祖定陵碑文の撰述を依頼
1388	14 (昌王即位)	54	***1-*** 守門下侍中となる。***5-22*** 遼東攻撃に反対し，威化島より回軍。***6-9*** 昌王を擁立。***7-*** 趙浚，田制改革を建議。***8-*** 守門下侍中となり，都総中外諸軍事を兼ねる
1389	昌王元 (恭譲王元)	55	***11-13*** 金佇事件。***11-15*** 恭譲王を擁立。***11-16*** 守門下侍中となる
1390	恭譲王 2	56	***5-*** 尹彝・李初事件。***11-6*** 領三司事となる。***12-5*** はじめて門下侍中となり，都総中外諸軍事を兼ねる
1391	3	57	***1-7*** 三軍都総制使となる。***5-*** 科田法を制定。***9-13*** 判門下府事となる。***9-23*** 太祖妃韓氏（神懿王后），死去
1392	恭譲王 4 太祖元	58	***4-4*** 鄭夢周，死す。***7-16*** 裵克廉らによる推戴を受諾 ***7-17*** 開京（開城）の寿昌宮で即位。***7-28*** 即位を朝鮮全土に宣言。***8-20*** 八男芳碩を王世子とする。***9-21*** 開国功臣を録勲
1393	2	59	***2-15*** 国号を朝鮮と改める
1394	3	60	***8-13*** 漢陽を新都に決定。***10-25*** 漢陽に遷都
1395	4	61	***9-*** 宗廟・宮闕（景福宮）と官庁街が落成
1396	5	62	***8-13*** 太祖継妃康氏（神徳王后），死去
1398	7	64	***8-26*** 第一次王子の乱。鄭道伝，死す。***9-5*** 王位を次男芳果（定宗）に譲る
1399	定宗元	65	***3-13*** 開城還都
1400	2	66	***1-28*** 第二次王子の乱。***2-4*** 五男芳遠，王世子となる。 ***11-13*** 芳遠（太宗）即位
1402	太宗 2	68	***11-5*** 趙思義の乱
1405	5	71	***6-27*** 趙浚，死す。***10-8*** 太宗，開城から漢城に再遷都。 ***10-19*** 昌徳宮落成
1408	8	74	***5-24*** 昌徳宮にて死去。***8-7*** 諡号を至仁啓運聖文神武大王，廟号を太祖とされる。***9-9*** 健元陵に葬られる

参考文献

日本語文献

池内　宏『満鮮史研究（中世第 3 冊）』吉川弘文館，1963 年

池内　宏『満鮮史研究 近世篇』中央公論美術出版，1972 年

奥崎裕司「洪武帝の天命観と永楽帝の南征」野口鐵郎編『中国史における教と国家』雄山閣出版，1994 年

川越泰博「洪武・永楽期の明朝と東アジア海域――『皇明祖訓』不征諸国の条文との関連をめぐって」井上徹編『海域交流と政治権力の対応（東アジア海域叢書 2)』汲古書院，2011 年

桑野栄治「朝鮮版『正徳大明会典』の成立とその現存――朝鮮前期対明外交交渉との関連から」『朝鮮文化研究』5，1998 年

桑野栄治『朝鮮前期の対明外交交渉に関する基礎的研究』2007 ～ 2009 年度科学研究費補助金〔基盤研究（C)〕研究成果報告書，2010 年

末松保和『高麗朝史と朝鮮朝史（末松保和朝鮮史著作集 5)』吉川弘文館，1996 年

杉山信三『韓国の中世建築』相模書房，1984 年

高木　理「朝鮮太祖・李成桂の勢力基盤としての東北境界地域」『史滴』33，2011 年

檀上　寛『明代海禁＝朝貢システムと華夷秩序』京都大学学術出版会，2013 年

浜中　昇「高麗末期の田制改革について」『朝鮮史研究会論文集』13，1976 年

浜中　昇「高麗末期政治史序説」『歴史評論』437，1986 年

平木　實『韓国・朝鮮社会文化史と東アジア』学術出版会，2011 年

吉田光男『近世ソウル都市社会研究――漢城の街と住民』草風館，2009 年

六反田豊「定陵碑文の改撰論議と桓祖庶系の排除――李朝初期政治史の一断面」『九州大学東洋史論集』15，1986 年

六反田豊「科田法の再検討――土地制度史からみたその制定の意義をめぐる一試論」『史淵』134，1997 年

朝鮮語文献

安俊姫「朝鮮初期太宗の執権過程と趙思義の乱」『外大史学』5，龍仁，1993 年

韓永愚『朝鮮前期社会経済研究』乙酉文化社，ソウル，1983 年

韓永愚『鄭道伝思想の研究（改正版)』ソウル大学校出版部，ソウル，1983 年

許興植「高麗末李成桂（1335 ～ 1408）の勢力基盤」高柄翊先生回甲紀念史学論叢刊行委員会編『歴史と人間の対応――韓国史篇』図書出版ハヌル，ソウル，1985 年

姜芝嫣「威化島回軍とその推進勢力に対する検討」『梨花史学研究』20・21，ソウル，1993 年

金塘澤『李成桂と趙浚・鄭道伝の朝鮮王朝開創』全南大学校出版部，光州，2012 年

洪栄義『高麗末政治史研究』慧眼，ソウル，2005 年

洪順敏「朝鮮王朝宮闕経営と“両闕体制”の変遷」ソウル大学校大学院国史学科文学博士学位論文，ソウル，1996 年

崔承熙『朝鮮初期政治史研究』知識産業社，ソウル，2002 年

徐炳国「李之蘭研究」『白山学報』10，ソウル，1971 年

宋基中「朝鮮朝建国を後援した勢力の地域的基盤」『震檀学報』78，ソウル，1994 年

趙啓纉「朝鮮建国と尹彝・李初事件」斗渓李丙燾博士九旬紀念韓国史学論叢刊行委

員会編『斗渓李丙燾博士九旬紀念韓国史学論叢』知識産業社，ソウル，1987 年
張志連「麗末鮮初遷都論議について」『韓国史論』43，ソウル，2000 年
鄭杜熙『朝鮮初期政治支配勢力研究』一潮閣，ソウル，1983 年
鄭在勲「朝鮮開国功臣卒記分析」『考古歴史学志』5・6，釜山，1990 年
閔賢九「朝鮮太祖代の国政運営と君臣共治」『史叢』61，ソウル，2005 年
閔賢九「高麗から朝鮮への王朝交替をいかに評価すべきか」『韓国史市民講座』40，ソウル，2007 年
朴元熇『明初朝鮮関係史研究』一潮閣，ソウル，2002 年
朴天植「朝鮮開国功臣に対する一考察――冊封過程と待遇を中心に」『全北史学』1，全州，1977 年
朴天植「戊辰回軍功臣の冊封顚末とその性格」『全北史学』3，全州，1979 年
朴龍雲『高麗時代開京研究』一志社，ソウル，1996 年
李益柱「『龍飛御天歌』，朝鮮王室の祖先に対する記録」朴丙錬・金炳善・申大澈・李益柱・朴賢謨『龍飛御天歌と世宗の国家経営』韓国学中央研究院出版部，城南，2011 年
李相佰『李朝建国の研究』乙酉文化社，ソウル，1949 年
李丙燾『高麗時代の研究（改訂版）――特に図讖思想の発展を中心に』亜細亜文化社，ソウル，1980 年

図版出典一覧

韓国学中央研究院蔵書閣編『朝鮮の功臣』韓国学中央研究院出版部，城南，2012年 *73* 右，左

韓国学文献研究所編『龍飛御天歌』亜細亜文化社，ソウル，1973年 *1*

韓国精神文化研究院蔵書閣編『朝鮮王室の図書』景仁文化社，ソウル，2002年 *6*

京畿道博物館編『埋もれていた朝鮮最大の王室寺刹　檜巌寺』京畿道博物館，龍仁，2003年 *61* 左

国立古宮博物館編『王の象徴　御宝』国立古宮博物館，ソウル，2012年 *75*

国立古宮博物館編『国立古宮博物館　展示案内図録』国立古宮博物館，ソウル，2007年 *61* 右

国立全州博物館編『王の肖像　慶基殿と太祖李成桂』国立全州博物館，全州，2005年 カバー表，*14, 49*

国立中央博物館編『高麗時代を行く』国立中央博物館，ソウル，2009年 *3, 11, 15, 33*

国立中央博物館編『士農工商の国　朝鮮』国立中央博物館，ソウル，2010年 *34, 50, 83*

ソウル大学校奎章閣韓国学研究院編『奎章閣名品図録』ソウル大学校奎章閣韓国学研究院，ソウル，2006年 *4*

山根幸夫解題『皇明制書（下）』古典研究会，1967年 *56*

著者提供　カバー裏，扉，*7* 上，下，*9, 17, 24, 25* 右上，右下，左，*32, 44, 63, 66, 67* 右上，右下，左上，左下，*68, 70, 80, 84, 85, 86*

桑野栄治（くわの　えいじ）
1964年生まれ
九州大学大学院文学研究科博士課程中途退学
専攻，朝鮮中世・近世史
現在，久留米大学文学部教授

主要著書
『朝鮮の歴史』（共著，昭和堂 2008）
『東アジア都城の比較研究』（共著，京都大学学術出版会 2011）
『近世東アジア比較都城史の諸相』（共著，白帝社 2014）

世界史リブレット人㊲
李成桂《りせいけい》
天翔《あまか》る海東《かいとう》の龍《りゅう》

2015年10月30日　1版1刷発行
2024年3月31日　1版2刷発行
著者：桑野栄治《くわのえいじ》
発行者：野澤武史
装幀者：菊地信義
発行所：株式会社 山川出版社
〒101-0047　東京都千代田区内神田1-13-13
電話　03-3293-8131（営業）8134（編集）
https://www.yamakawa.co.jp/
印刷所：株式会社 明祥
製本所：株式会社 ブロケード

 ISBN978-4-634-35037-3

世界史リブレット 人

1 ハンムラビ王――中田一郎
2 ラメセス2世――高宮いづみ・河合 望
3 ネブカドネザル2世――山田重郎
4 ペリクレス――前沢伸行
5 アレクサンドロス大王――澤田典子
6 古代ギリシアの思想家たち――高畠純夫
7 カエサル――毛利 晶
8 ユリアヌス――南川高志
9 ユスティニアヌス大帝――大月康弘
10 孔子――高木智見
11 商鞅――太田幸男
12 武帝――冨田健之
13 光武帝――小嶋茂稔
14 冒頓単于――沢田 勲
15 曹操――石井 仁
16 孝文帝――佐川英治
17 柳宗元――戸崎哲彦
18 安禄山――森部 豊
19 アリー――森本一夫
20 マンスール――高野太輔
21 アブド・アッラフマーン1世――佐藤健太郎
22 ニザーム・アルムルク――井谷鋼造
23 ラシード・アッディーン――渡部良子
24 サラディン――松田俊道
25 ガザーリー――青柳かおる
26 イブン・ハルドゥーン――吉村武典
27 レオ・アフリカヌス――堀井 優
28 イブン・ジュバイルとイブン・バットゥータ――家島彦一
29 カール大帝――佐藤彰一
30 ノルマンディー公ウィリアム――有光秀行
31 ウルバヌス2世と十字軍――池谷文夫
32 ジャンヌ・ダルクと百年戦争――加藤 玄
33 王安石――小林義廣
34 クビライ・カン――堤 一昭
35 マルコ・ポーロ――海老澤哲雄
36 ティムール――久保一之
37 李成桂――桑野栄治
38 永楽帝――荷見守義
39 アルタン――井上 治
40 ホンタイジ――楠木賢道
41 李自成――佐藤文俊
42 鄭成功――奈良修一
43 康熙帝――岸本美緒
44 スレイマン1世――林佳世子
45 アッバース1世――前田弘毅
46 バーブル――間野英二
47 大航海時代の群像――合田昌史
48 コルテスとピサロ――安村直己
49 マキァヴェッリ――北田葉子
50 ルター――森田安一
51 エリザベス女王――青木道彦
52 フェリペ2世――立石博高
53 クロムウェル――小泉 徹
54 ルイ14世とリシュリュー――林田伸一
55 フリードリヒ大王――屋敷二郎
56 マリア・テレジアとヨーゼフ2世――稲野 強
57 ピョートル大帝――土肥恒之
58 コシューシコ――小山 哲
59 ワットとスティーヴンソン――大野 誠
60 ワシントン――中野勝郎
61 ロベスピエール――松浦義弘
62 ナポレオン――上垣 豊
63 ヴィクトリア女王、ディズレーリ、グラッドストン――勝田俊輔
64 ガリバルディ――北村暁夫
65 ビスマルク――大内宏一
66 リンカン――岡山 裕
67 ムハンマド・アリー――加藤 博
68 ラッフルズ――坪井祐司
69 チュラロンコン――小泉順子
70 魏源と林則徐――大谷敏夫
71 曾国藩――清水 稔
72 金玉均――原田 環
73 レーニン――和田春樹
74 ウィルソン――長沼秀世
75 ビリャとサパタ――国本伊代
76 西太后――深澤秀男
77 梁啓超――高柳信夫
78 袁世凱――田中比呂志
79 宋慶齢――石川照子
80 近代中央アジアの群像――小松久男
81 ファン・ボイ・チャウ――今井昭夫
82 ホセ・リサール――内山史子
83 アフガーニー――小杉 泰
84 ムハンマド・アブドゥフ――松本 弘
85 イブン・アブドゥル・ワッハーブとイブン・サウード――保坂修司
86 ケマル・アタテュルク――設樂國廣
87 ローザ・ルクセンブルク――姫岡とし子
88 ムッソリーニ――高橋 進
89 スターリン――中嶋 毅
90 陳独秀――長堀祐造
91 ガンディー――井坂理穂
92 スカルノ――鈴木恒之
93 フランクリン・ローズヴェルト――久保文明
94 汪兆銘――劉 傑
95 ヒトラー――木村靖二
96 ド・ゴール――渡辺和行
97 チャーチル――木畑洋一
98 ナセル――池田美佐子
99 ンクルマ――砂野幸稔
100 ホメイニー――富田健次

〈シロヌキ数字は既刊〉